“高星级饭店运营与管理”专业教材

唐燕 / 总主编

饭店康乐服务

Fandian Kangle Fuwu

费明卫　唐燕 / 主编

叶英 / 副主编

西南大学出版社

国家一级出版社　全国百佳图书出版单位

图书在版编目(CIP)数据

饭店康乐服务 / 费明卫, 唐燕主编. —重庆：西南师范大学出版社, 2014.4(2023.1 重印)
“高星级饭店运营与管理”专业教材
ISBN 978-7-5621-6696-2

Ⅰ. ①饭… Ⅱ. ①费… ②唐… Ⅲ. ①饭店–饮食业–商业服务–教材 Ⅳ. ①F719.2

中国版本图书馆 CIP 数据核字(2014)第 046132 号

饭店康乐服务

费明卫　唐　燕　主编

责任编辑：李竹君　翟腾飞
装帧设计：畅想设计
出版发行：西南大学出版社(原西南师范大学出版社)
地址：重庆市北碚区天生路 2 号
邮编：400715　市场营销部电话：023-68868624
经　　销：新华书店
排　　版：重庆新综艺图文广告有限责任公司
印　　刷：重庆市国丰印务有限责任公司
幅面尺寸：185 mm×260 mm
印　　张：8.25
字　　数：140 千字
版　　次：2014 年 5 月　第 1 版
印　　次：2023 年 1 月　第 7 次印刷
书　　号：ISBN 978-7-5621-6696-2

定　　价：25.00 元

编委会

序

随着我国社会经济的高速发展，近年来中国饭店业发展迅猛，新建的饭店数量逐年递增。大批高星级的饭店急需具备一定职业能力和素养的中、高级饭店服务与管理人才。

为适应当前中等职业教育发展趋势，根据教育部《关于实施国家中等职业教育改革发展示范学校建设计划的意见(教职成〔2010〕9号)》文件精神，为培养适应区域经济社会发展的高星级饭店人才，本着积极稳妥、务实创新的原则，我们组织了一批在教学一线从事高星级饭店运营与管理专业教学经验丰富的优秀教师，深入行业，与工作在饭店一线的行业专家一起，吸取借鉴其他教材的成功经验，以职业分析与工作任务分析为依据，以岗位需求为基本，以培养管理、服务一线的应用型人才为宗旨，编写了适合中等职业学校高星级饭店运营与管理专业的系列教材，包括《饭店餐饮服务》《饭店客房服务》《饭店前厅服务》《饭店康乐服务》《饭店服务礼仪》与《饭店服务英语》。

本系列教材以项目为载体，采用以工作任务为驱动的项目化教学模式，具有以下鲜明的特色：

1.定位更加强调“以就业为导向”，力求从实际应用的需要出发，突出实践技能培养和职业素养提升，将“教、学、做”有机地融为一体。

2.基于专业特色、资源优势，与国家教材、地方教材紧密配合，具有多样性、灵活性和可选择性。

3.教材内容力争与学生实际情况相结合，做到因“材”施教；与企业人才需要及企业发展需要相结合，做到学以致用；与专业建设发展需要及职业资格标准相结合，做到持续发展。

4.图文并茂，能满足学生个性发展的需要，丰富了教学内容、增强了教学手段的有效性。

5.本系列教材均配有电子教案、课件、视频、习题库，为教师教学和学生学习提供了方便。

本系列教材在编写过程中，无论是课程标准的开发、教材体系的确立、教材内容的筛选，还是教材图片的拍摄，均得到了重庆天来大酒店的大力支持，在此表示衷心的感谢。

由于时间紧、任务重，教材编写中难免存在不足之处，欢迎大家提出宝贵的意见和建议，以求得到不断改进和完善。

重庆市北碚职业教育中心
“高星级饭店运营与管理”专业教材编写组
2014年2月

前言

饭店业作为旅游业的三大支柱，不仅要注重设施、设备等硬件的配套与更新，更要注重软件服务。康乐部就是饭店为住店客人提供康体、娱乐和保健休闲等活动场所的部门，是饭店的增加功能，也是酒店为满足客人多样化消费需要，提高酒店声誉和经济效益的重要部门。为此，高素质的康乐服务人员已成为饭店生存与发展的关键，优秀的康乐服务专业人才的培养极为重要。“饭店康乐服务”是高星级饭店运营与管理专业学生学习培训的技能（方向）课程、必修课程。

本教材编写通过对行业深入调研，邀请职业院校一线教师、行业专家共同进行典型工作任务分析。根据“典型工作任务和职业能力分析表”中对饭店康乐部员工工作规范具体需要的分析结果，按照饭店康乐部不同项目工作岗位的具体要求，采用“项目—任务”式的结构设计。以任务需求为主线，按项目教学设计学习过程，以高星级饭店运营与管理专业学生适应饭店行业康乐部岗位的需求能力为导向，让学生通过项目任务的实施完成，使其理解并掌握康乐部工作服务流程、服务语言应用等技能，逐步形成相关职业能力。

教材的每个项目由以下部分构成。

项目目标：明确本项目学习目标。

任务目标：任务目标应具体明确，具有可操作性和实效性。

任务描述：从饭店工作需要和能力需要中提取典型任务，描述任务的效果和重要性。

任务分析：分析任务的内容，介绍完成任务的过程与方法。

任务过程：介绍相关的任务步骤及完成任务所需要掌握的知识点、技能点及能力素质。

任务实施：以活动为主线，学生为主体，实践为导向。学生通过实践，掌握饭店康乐服务技能，并通过填写训练记录表来归纳、整理、记录任务的目标内容。

任务评价：紧贴任务目标，具体写实。

项目评价：采用三方评价，以表格形式呈现。这是对学生自我管理意识和能力的训练，也是提高学习能力的良好途径。

回馈单：是学生学习该项目的一个总结反馈，便于学生反思本阶段的项目学习效果，同时便于教师了解学生的掌握情况。

拓展训练：与该项目任务有联系的延伸知识，或实现该任务的窍门，个性化经验，引发思考与行动的测试题，具体的训练任务等。

具体学时安排如下表：

项目	课程内容	建议学时
项目一　饭店康乐部认知	岗位认知	2
	康乐产品认知	2
项目二　运动休闲服务	健身运动服务	6
	球类运动服务	10
	游泳池服务	6
项目三　保健休闲服务	桑拿浴服务	5
	温泉浴服务	5
总学时	36 学时	

本教材由费明卫、唐燕、叶英共同编写。具体分工如下："项目一"由费明卫编写；"项目二"由费明卫、唐燕编写；"项目三"由叶英编写。全书图片拍摄和统稿由吴苗苗负责。

本教材在编写过程中参阅了大量的相关书刊与资料，全书中的图片拍摄场地由重庆天来大酒店友情提供，由重庆天来酒店酒管公司人力资源总监刘燕女士任总指导，项小娟经理等行业专家对本教材的编写提供专业建议和材料。在此向相关单位与作者致以衷心的感谢。

由于编者水平有限，书中难免有不足之处，恳请广大读者批评指正。

编　者

2014 年 2 月

目录

项目一　饭店康乐部认知 Project 1

"康乐"，就是健康娱乐，是人们在闲暇时间，借助科技含量较高的设备、设施、健身器材，以及优美的自然环境和个性化的服务，为达到身心健康和减轻压力而进行的一种康体健身、休闲娱乐和养生保健活动。康乐活动是消除疲劳、平衡身心的最佳途径，康乐需求是现代客人，尤其是商务客人的重要需求。

康乐部是饭店服务设施的进一步完善和延伸，是饭店为住店客人提供康体娱乐和保健休闲等活动场所的部门，是饭店增加功能，也是饭店方便客人，满足客人多样化消费的需要，借以吸引宾客，提高酒店声誉和经济效益的重要部门。根据旅游酒店星级评定规格与标准，康乐部成为高星级酒店不可缺少的先决条件，是现代饭店不可缺少的重要组成部分。

项目目标

- 能明确康乐部岗位设置及职责。
- 能理解康乐服务人员的素质要求。
- 能理解康乐产品的类型及特点。
- 能针对不同的客人推荐康乐服务。

任务一 岗位认知

任务目标

图 1-1-1 康乐部大厅

- 熟悉康乐部的设施。如图 1-1-1 所示。
- 明确康乐部的岗位及职责。
- 能进行康乐服务礼仪展示。
- 掌握康乐部服务人员素质要求。

任务描述

酒店专业学生小兰被安排到某饭店康乐部实习，康乐部主管希望她能尽快熟悉康乐部的服务岗位工作。可小兰对康乐部的工作一无所知，她无法进入康乐部服务岗位角色。于是她请教了康乐部老员工小杨，希望小杨能帮助她。如果你是小杨，你该怎么帮助她？

任务分析

1. 小兰对康乐部的工作一无所知，带小兰参观康乐部，认识康乐部的服务设施。

2. 熟悉康乐部岗位设置和服务工作岗位职责。

3. 从服务礼仪规范、素质要求方面了解如何做一个优秀的康乐服务工作人员。

任务过程

一、认识康乐部的服务设施（如图 1-1-2~图 1-1-5 所示）

图 1-1-2 歌舞厅、KTV、健身房

图 1-1-3 桑拿室、温泉池、游泳池

图 1-1-4 台球室、网球场、保龄球馆

图 1-1-5 游艺厅、美容美发厅、棋牌室

二、认识康乐部岗位

康乐部工作人员通常包括管理人员和基层服务人员。同时，还要依据康乐部的组织机构设置特点和经营管理上的特殊要求而设置职务岗位。

管理人员一般设有经理、主管、领班。

基层服务工作人员一般包括收银员、教练、服务员、清洁员等。康乐部的岗位设置图如图 1-1-6 所示：

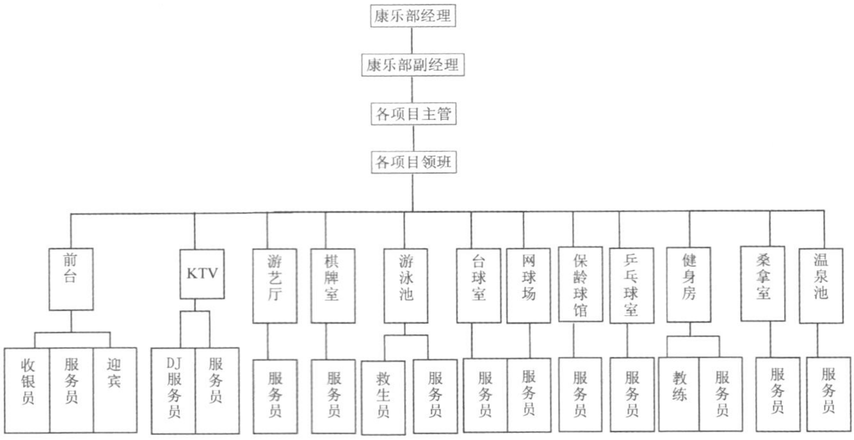

图 1-1-6 饭店康乐部组织机构图

三、服务工作岗位职责

1. 按时上班，穿工作服，佩戴工牌，整理好仪容仪表。

2. 了解每日预定情况，及时做好营业前的准备工作，清洁整理器具、设施卫生，保持整洁、干净，室内空气清新。

3. 对客人以笑脸相迎，热情周到，有问必答，百问不烦，用词恰当。

4. 服从上级工作安排，按照康乐部门的工作规范和质量标准，做好对应康乐项目的工作。

5. 热情周到地为客人介绍本康乐项目的特色，依照康乐部的规章制度，对客人提出的合理要求尽量及时解决。

6. 交接班时，应将预定情况和未完成工作交代清楚，保证工作无差错。

7. 及时补充备齐营业用品，并做好记录。

8. 要积极在自己的工作范围内巡场，如发现问题马上报告上级处理，否则后果自负。

9. 针对出现的问题，及时向领班或主管提出改进意见，并同有关部门保持良好的合作关系，完成上级交给的各项临时性工作。

10. 严格执行娱乐场所治安管理制度，认真做好治安管理及安全、消防工作。

11. 维护和保养好各类设施和器具，发现问题及时报修，确保完好有效。如发现有损坏的器材，应立即向领班或主管汇报，请有关人员及时维修，在器材没有修好以前，要将损坏的器材注上标签，提醒客人不再使用，以防客人因使用损坏的器材而出现伤害事故。

12. 每天下班后，清除当日垃圾，关掉电源，关好窗、门，上锁，方可离开。

四、康乐部服务礼仪规范

(一)整洁的仪容仪表(如图 1–1–7 所示)

图 1–1–7 康乐服务工作人员仪容仪表标准

康乐部仪容仪表标准:

1. 头发:清洁整齐、无头皮屑，无异味，前不挡眼，后不达衣领，不染发，不准留长鬓角;女性不梳披肩头，长发束起或盘起。

2. 手指和指甲:指甲要经常修剪、清洁，不准留长指甲，不准涂指甲油，服务前应将手洗干净。

3. 面容:男性不准留胡须，每日必刮，脸、颈及耳朵干净;女性化妆要清淡，口红淡薄，不要浓妆艳抹，保持朴素优雅的外表。

4. 饰物:除结婚戒指外，不宜佩戴其他戒指、手表及夸张时髦的饰物。

5. 制服:工作时穿统一整齐的制服，保持干净整齐，无破损，扣好扣子，领带或领结正确佩戴。

6. 名牌:工作时要佩戴名牌，戴在制服的左上方。

7. 鞋袜:男性穿深色袜子，穿黑色鞋子，要洁净、完好、无异味;女性穿肤色袜子，长筒袜不准露袜边，不能穿跳丝的袜子，穿黑色工鞋，保持洁净。

8. 卫生:勤洗澡，勤换内衣，饭后刷牙、漱口，上洗手间后要洗手。

9. 饮食:不要吃有刺激性气味的食品。

(二)优美的站姿

1. 挺胸、收腹，头正直，眼睛平视，环视四周，嘴微闭，面带笑容。

2. 两臂自然下垂或体前、体后交叉，左手放置右手上。

3. 男性站立时：双脚与肩同宽；女性站立时：两脚靠紧呈 V 字形，双膝靠紧。如图 1–1–8 所示。

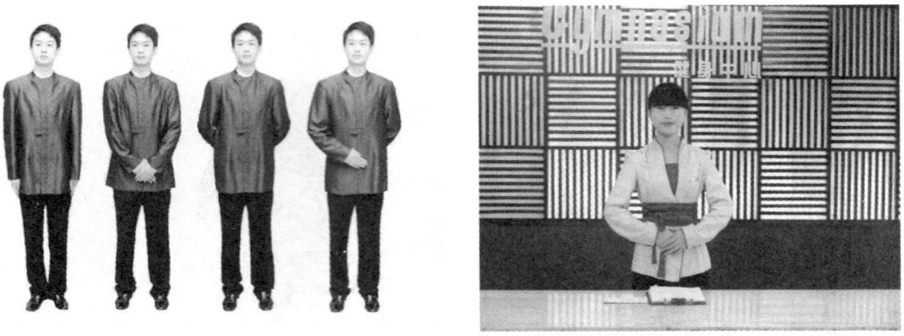

图 1–1–8 优美的站姿

（三）优雅的走姿

1. 行走时身体重心稍向前，挺胸，收腹，上体正直，抬头，眼平视，面带笑容。

2. 行进间，男性以大步为健，女性以小步为美，两臂自然摆动，走路保持轻而稳，走路要靠右侧，不走中间。

（四）恰当的手势

1. 给客人指方向时，要把手臂伸直，手指自然并拢，手掌向上，以肘关节为轴，指向目标。

2. 服务中手势不能过多，避免显得指手画脚，使人感到忙乱、讨厌；不能用手指点人，这是极不尊重人的表现。如图 1–1–9 所示。

图 1–1–9 恰当的手势

(五)微笑的表情

1. 微笑可以感染客人,让客人愉悦。

2. 微笑可以改变你的态度,可以改善人际关系。

3. 微笑让你充满自信,保持一个良好的心态。

(六)文明的举止

1. 走路时要右侧通行,不走中间。

2. 迎面看到客人的时候,要做到5米微笑,3米点头示意问候(尽可能叫出客人的姓氏或职衔)。

3. 引领客人时,要走在客人的侧前方约一臂处,身体略向客人倾斜,用规范的手势指示方向。

4. 必须从客人中通过时,要礼貌地致歉,说"各位先生(女士),对不起"。

5. 与客人交谈时要保持适宜的距离,一般在1米左右为宜。

6. 女士低身取物时,要用屈膝的动作,不可弯上身、翘臀部,避免尴尬。

五、康乐服务工作人员的素质要求

1. 遵纪守法,诚实守信;

2. 身体健康,精神饱满;

3. 形象端正,行为端庄;

4. 热情友好,以礼待人;

5. 团结合作,顾全大局;

6. 安全操作,注重环保;

7. 精通业务,灵活应变。

任务实施

训练要求:

1. 介绍康乐部的设施,让学生熟悉康乐部。

2. 介绍岗位,明确岗位职责。

3. 把握服务礼仪规范要点,明确康乐服务人员的素质要求。

活动一:康乐部设施介绍

学生两个人一组模拟接听电话,进行客人与康乐部前台接待员的角色扮演,并介绍康乐部设施。

活动二:康乐部服务工作岗位职责介绍

学生两个人一组介绍康乐部岗位职责。

活动三:康乐服务礼仪展示

学生分小组练习服务礼仪,自行编排一段2~3分钟的客人与康乐部前台服务员的综合展示。

任务评价

表1-1-1 岗位认知评价表

序号	内容	技能	评判结果			
			优	良	合格	不合格
1	康乐设施介绍	(1)接听电话:铃响三声之内左手拿起电话,问候并自报家门 (2)介绍康乐部设施项目				
2	岗位职责介绍	(1)明确服务岗位工作要点 (2)做好仪容仪表检查 (3)清洁整理设施、设备 (4)了解预定情况				
3	服务礼仪展示	(1)礼貌待客 (2)微笑服务 (3)站姿优美 (4)走姿优雅 (5)恰当的手势 (6)文明的举止 (7)有问必答,百问不烦				

任务二 康乐产品认知

任务目标

- 熟悉不同类型的康乐产品。
- 能为不同的客人推荐合适的康乐服务项目。如图 1-2-1 所示。

图 1-2-1 运动休闲

任务描述

随着康乐活动的发展，康乐产品得到了充分的开发，项目越来越丰富。高星级饭店的康乐部把满足和超越客人期望作为经营管理的起点和归宿，根据各种目标客户人群有针对性地设置不同类型的康乐项目。

饭店康乐产品包括康体休闲活动产品、娱乐休闲活动产品和保健休闲活动产品三部分内容。

康体休闲活动是借助一定的运动设备、设施、场所，通过顾客主动参与活动，在愉快的气氛中促进身心健康的活动。康体休闲既要达到锻炼身体的效果，又要达到消遣放松的目的。康体休闲活动主要包括健身器械运动、球类运动和游泳运动。

保健休闲活动是指通过提供相应的设施、设备或服务作用于人体，使顾客达到放松肌肉、促进循环、消除疲劳、恢复体力、养护皮肤、改善容颜等目的的活动。

娱乐休闲活动是以借助一定的环境设施和服务，客人通过一定的形式在轻松的气氛中获得快乐，增长知识并有益于精神、心理及生理健康的活动。

任务分析

1. 认识康体休闲、保健休闲、娱乐休闲活动的种类及特点。
2. 了解不同客人的康乐需求。

任务过程

一、康体休闲活动

(一)健身器械运动

1. 健身器械运动包括心肺功能训练和力量训练。如图 1-2-2 所示。

心肺功能训练　　力量训练

图 1-2-2　健身器械运动

2. 特点:综合性强、占地面积小、适应性强、功能多样。

(二)球类运动

1. 乒乓球运动

乒乓球运动是手握球拍在中间隔一网的球台上轮流击球的一项球类运动。它具有球体小、速度快、变化多、设备简单、趣味性强、不受年龄性别限制的特点,深受人们的喜爱。如图 1-2-3、图 1-2-4 所示。

图 1-2-3　乒乓球室

图 1-2-4　乒乓球运动

2. 台球运动

台球运动是一项大众活动,它是静中有动、动中有静,脑力和体力相结合的高雅运动,受到了各阶层人士的欢迎。如图 1-2-5 所示。

图 1-2-5 台球运动

3. 网球运动

网球运动是一项优美而激烈的运动，网球运动的由来和发展可以用四句话来概括：孕育在法国，诞生在英国，开始普及和形成高潮在美国，现在盛行于全世界，被称为世界第二大球类运动。网球运动男女皆宜，运动量大小可调节，是深受人们喜爱的运动。如图 1-2-6 所示。

图 1-2-6　网球运动

4. 保龄球运动

保龄球又叫地滚球，是一种在木板球道上用球撞击木瓶的室内体育运动。近年来，保龄球是高档酒店必备的娱乐健身设备设施。保龄球具有娱乐性、趣味性、对抗性和技巧性，给人以身体和意志的锻炼，是目前比较普及的运动项目之一。如图 1-2-7 所示。

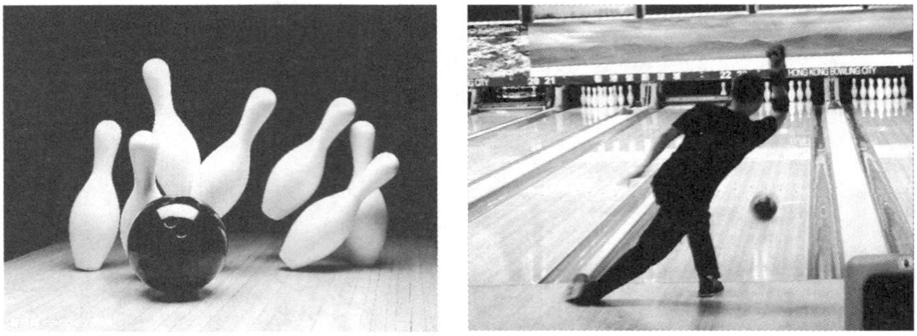

图 1-2-7 保龄球运动

（三）游泳运动

游泳运动能很好地促进新陈代谢，改善人的体温调节功能，锻炼全身肌肉，提高心肺功能，并能有效地提高人体各部位的协调能力，游泳成为人们日常生活不可缺少的内容。如图 1-2-8 所示。

游泳池是三星级以上酒店必备的健身设施，游泳池分室内游泳池和室外游泳池两种。如图 1-2-9 所示。

图 1-2-8　游泳运动

图 1-2-9　室内游泳池

二、保健休闲活动

（一）保健浴

主要包括：桑拿浴、蒸汽浴、香水浴、冲浪浴、矿泥浴、水疗浴、光波浴、牛奶浴、鲜花浴等。常见的保健浴类型，如图 1-2-10 所示。

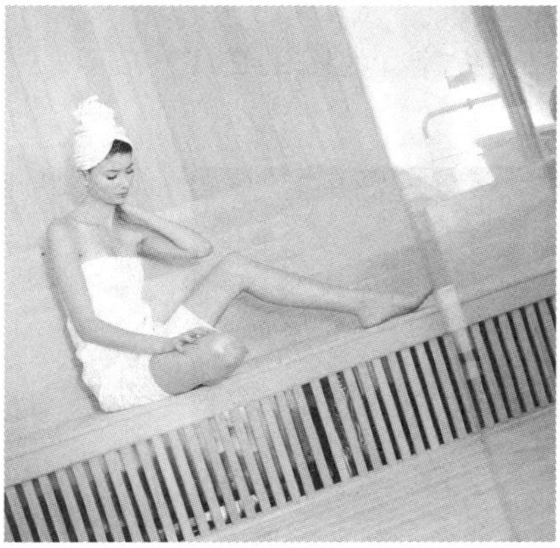

桑拿浴

鲜花浴

牛奶浴

远红外线光波浴

图 1-2-10 常见的保健浴类型

(二)保健按摩

常见的保健按摩类型,如图 1-2-11 所示。

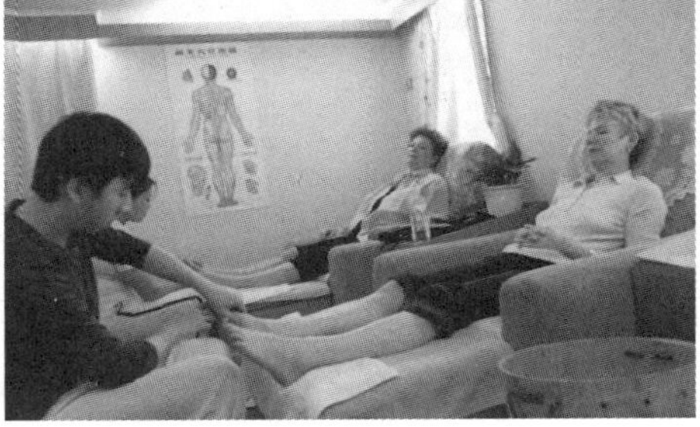

人工按摩

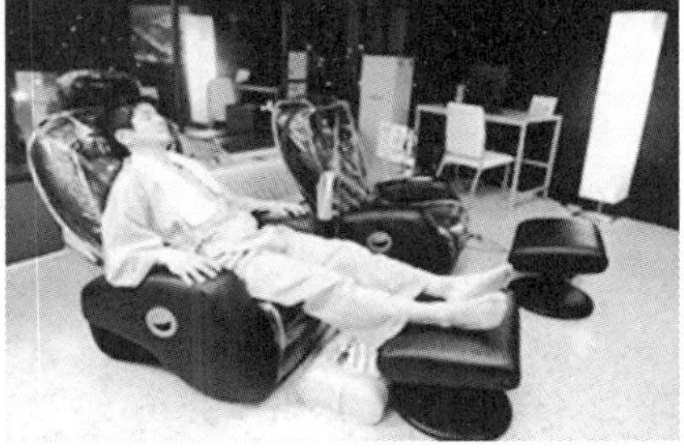

设备按摩

图 1-2-11 常见的保健按摩类型

(三)美容美发

美容服务包括敷面膜、深层洁面、除皱、化妆等。如图 1-2-12 所示。

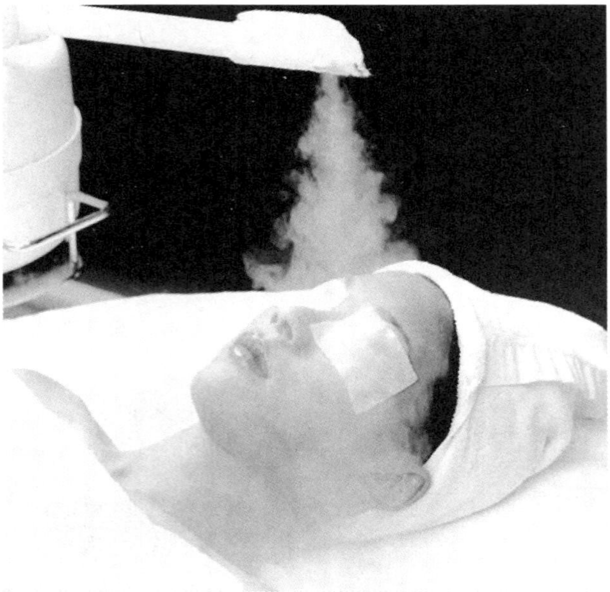

图 1-2-12　美容

美发服务包括洗、吹、剪、焗油、染发、发型设计等。

三、娱乐休闲项目

(一)歌舞类

1. 歌舞厅

2. 卡拉 OK

3. KTV

(二)游戏类

1. 电子游戏

2. 棋牌游戏

(三)视听阅览类

1. 观看影片

2. 欣赏音乐

3. 阅读书报

小贴士:康乐产品特征

如图 1-2-13。

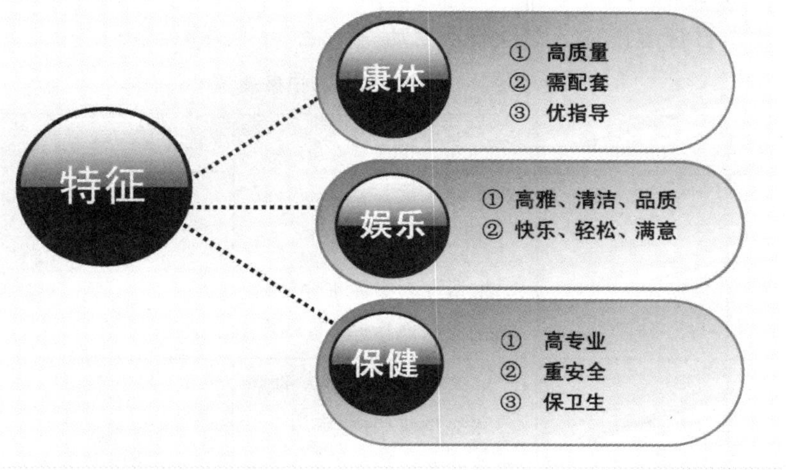

图 1-2-13 康乐产品特征

任务实施

训练要求:

1. 熟悉康乐产品的种类及特点。
2. 熟练地介绍康乐产品。
3. 根据不同客人的实际需求进行康乐产品推荐。

活动一:产品推介

两个学生一组,分角色扮演,模拟练习康乐部前台接待员为客户张先生进行康乐产品推荐。

活动二:综合推介展示

康乐部前台迎来了几拨客人,请为这些客人推荐合适的康乐活动:

1. 在外忙碌了一天的王先生。
2. 一群年轻朋友聚会。
3. 两对中老年朋友。
4. 一对度蜜月的年轻情侣。

5.结伴而行的两个同性朋友。

每6~8个学生一组,模拟练习前台接待员接待不同类别的客人,为客人推荐合适的康乐产品。

每小组自行编排进行综合展示活动。

表 1-2-1 产品认知活动记录表

序号	实训项目	问题思考	完成情况记录
1	产品推介	(1)把握康乐产品类型及特点 (2)根据客人实际推介适合的康乐产品	
2	综合推介展示	(1)如何根据不同客人的需求介绍康乐产品 (2)全员推销	

任务评价

表 1-2-2 产品认知技能评价表

序号	内容	技能标准	评判结果			
			优	良	合格	不合格
1	产品推介	(1)熟悉不同康乐产品,熟练地介绍康乐产品 (2)能根据客人的实际需求推介合适的康乐产品				
2	服务能力	(1)热情主动、细致周到,服务意识强 (2)善于沟通,积极解决问题				

项目评价

一、自我评价

请填写“饭店康乐认知”项目能力自我评价表，如表 1-P-1 所示。

表 1-P-1 “饭店康乐认知”项目能力自我评价表

主要内容		全部做到	大部分做到	基本做到	没做到
岗位认知					
康乐产品认知					
自我评价	我的优势				
	我的不足				
	我努力的目标				
	我的具体措施				

注：自我评价等级在符合的情况下面画“√”。

二、小组评价

请填写“饭店康乐认知”项目能力小组评价表，如表 1-P-2 所示。

表 1-P-2 “饭店康乐认知”项目能力小组评价表

主要内容	全部做到	大部分做到	基本做到	没做到
岗位认知				
康乐产品认知				
建议：				
组长签字：			年 月 日	

三、教师评价

请教师填写“饭店康乐认知”能力教师评价表,如表 1-P-3 所示。

表 1-P-3 “饭店康乐认知”能力教师评价表

评价等级	评价标准	评价结果
优秀	(1)能够很好地掌握岗位认知、产品认知知识 (2)小组活动中积极主动,协作性强	
良好	(1)较好地掌握岗位认知、产品认知知识 (2)小组活动中比较积极主动,协作性较强	
合格	(1)基本掌握岗位认知、产品认知知识 (2)小组活动中比较积极主动,协作性较强	

拓展训练

拓展训练一：康乐部服务礼仪规范

一、切忌让客人视觉不愉悦

1. 衣装不整、漫不经心、无精打采、东倒西歪，好似诚惶诚恐、唯唯诺诺、扭扭捏捏、慌手慌脚。

2. 当众挖鼻孔、抠指甲、打哈欠、伸懒腰、抚摸头发、整理内衣、摆弄东西。

3. 老是看手表、玩手机、吸烟、吃东西、吹口哨、大声讲话、哼歌曲、交头接耳、咳嗽、打嗝。

4. 奔跑、追逐、搭肩、拉手、围观、指指点点、盯住客人不放，在客人中穿行。

二、准确的语言

1. 基本用语：您、您好、请、谢谢、对不起、再见。

2. 欢迎用语：欢迎光临！欢迎光临XXXX.

3. 问候用语：您好！早上好！晚上好！下午好！

4. 道谢用语：谢谢！非常谢谢！感谢您的帮助！感谢您的理解！

5. 道歉语：对不起！请原谅！对不起，打扰您了！对不起，让您久等了！对不起，给您添麻烦了！对不起，我没听清楚，请再说一遍。

6. 告别语：再见！明天见！晚安！祝您旅途愉快！祝您一路平安！

7. 应答语：是的、好的、请稍等、我明白了、没关系、请不要客气、请不要介意。

8. 征询语：请问您需要帮忙吗?请问您是哪位?您看这样好吗?

9. 一般称呼：局长、处长、总经理、总裁、教授。

10. 熟悉称呼：客人姓氏一般称呼或职位称呼，如“李先生”“张太太”“王局长”“刘总”“周教授”等，“您好，刘总！”“您好，李先生！”。

拓展训练二：

以小组为单位，对周边高星级饭店康乐部进行市场调研，收集康乐部的产品及功能的相关资料，形成报告。

回馈单

亲爱的同学：

本项目教学活动接近尾声了！不知道你学习到了多少？老师很想了解你对本环节教学活动有什么样的感受和意见，让老师可以作为下次教学活动的参考。

请就下面每个题目结合你的想法或感受，在适当的位置打钩，谢谢！

1. 我课前预习的情况是 ○很好 ○普通 ○几乎没有 ○其他____
2. 我训练的状况是 ○聚精会神 ○偶尔发呆 ○提不起劲 ○其他____
3. 项目的内容 ○很精彩 ○还不赖 ○普通啦 ○真糟糕 ○其他____
4. 项目完成的情况是 ○很好 ○普通 ○几乎没有 ○其他____
5. 我的训练效果 ○很好 ○还可以 ○很差 ○其他____
6. 本项目内容令我印象最深刻的是________________

为什么？________________

____

7. 我给自己本次项目任务表现打____分，因为我________________
8. 我想对老师说________________

____

班级：

姓名：

学号：

日期：　　年　　月　　日

项目二　运动休闲服务 Project 2

随着人们生活水平的提高，如今运动休闲已经成为一种时尚的生活方式。饭店运动休闲项目是指通过饭店提供的场地、设施、设备和服务，使客人在运动中得到身体和精神满足的各种康乐活动。目前现代饭店康乐部常见的运动休闲类项目有台球、健身、保龄球、网球、壁球、游泳、乒乓球、高尔夫球等。

项目目标

- 能掌握饭店运动休闲服务各类项目的工作内容、职责、服务流程。
- 能了解饭店提供的各类运动项目的基本常识。
- 能识记各项运动的设施设备，掌握各类运动的比赛规则和记分方法。
- 能根据服务规范要求为客人提供各类运动休闲服务。

任务一 健身运动服务

图 2-1-1 健身运动

任务目标

- 能掌握饭店健身服务的工作内容、服务程序。
- 识记健身房各健身器械的名称、性能和使用方法。
- 能掌握健身器械的调试、保养要点和安全注意要点。
- 能熟练准确为客人提供健身运动服务工作。

任务描述

随着人们生活水平的提高，花钱买健康成了人们的时尚观念，到设备齐全、服务周到的饭店健身中心进行体验锻炼成为人们的最佳选择。健身运动被誉为 21 世纪最受人们喜爱的体育健身活动。饭店康乐部门健身中心设施设备，一般是根据健身中心的面积和客人的消费需求而确定。作为一名健身中心服务人员，必须了解和掌握相关知识。

任务分析

根据饭店健身中心服务规范要求，从服务流程演练，设施设备性能特点、使用方法、调试保养、安全规则五个方面，全方位掌握饭店康乐服务中健身运动项目的对客服务技能。

任务过程

健身服务工作流程

一、服务准备

(一)上岗前做自我检查，做到仪容仪表端庄整洁，符合要求

根据饭店仪容仪表要求穿着工作服，保持清洁和完整，佩戴好工号名牌，注意个人卫生，女服务员化淡妆。如图 2-1-2 所示。

图 2-1-2 健身中心服务员仪容仪表标准

（二）整理清洁设施设备，做好工作区域的卫生

包括健身器械区、休闲区、更衣室、洗浴间和服务台等，保证设施设备的清洁和工作区域的卫生符合饭店的卫生标准和要求。如图 2-1-3 所示。

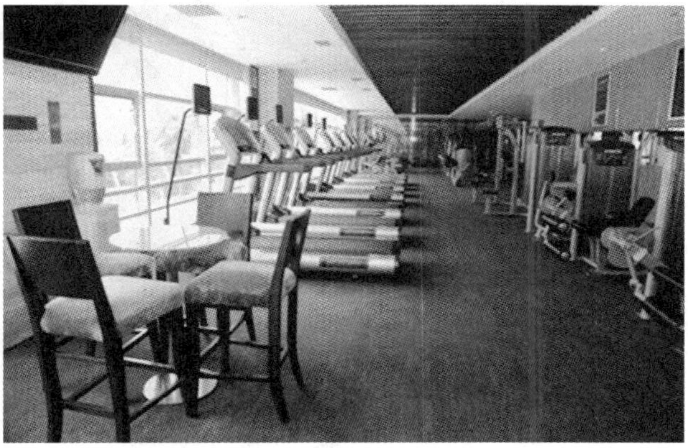

图 2-1-3 清洁整齐的健身中心

（三）配齐健身中心各种营业用品和客用出租用品

1. 检查各种健身设备是否完好，锁扣和传动装置是否安全可靠，如有问题及时修理、更新或报工程部。

健身中心设施设备包括：健身设备、服务用品、客用品等。

知识链接：健身中心主要器材

心肺功能训练项目运动器材

心肺功能是指人的摄氧和转化氧气使其成为能量的能力。通过使用跑踏步类运动器材、骑车运动器材和划船机，可增强心肺功能。如图 2-1-4、图 2-1-5、图 2-1-6 所示。

跑步机

登山机

健步机

图 2-1-4 跑踏步类运动器材

动感单车

骑马机

图 2-1-5 骑车运动器材

图 2-1-6 划船机

力量训练器材如图 2-1-7 所示。

高拉力练习器

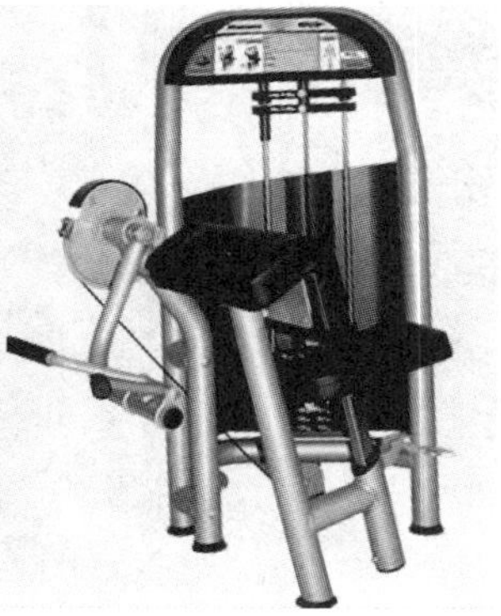

二头肌练习器

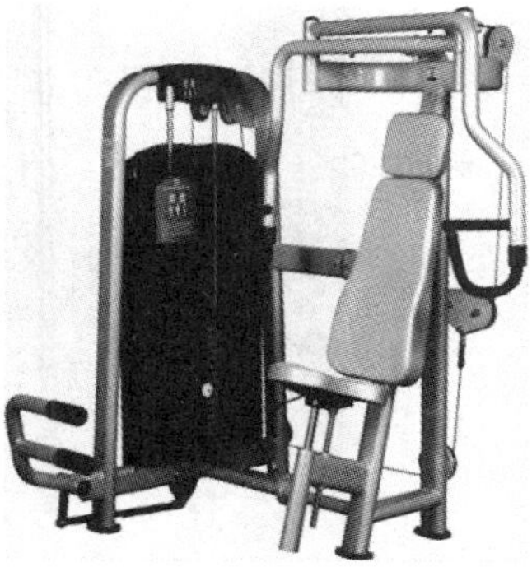

坐姿胸肌训练器

杠铃组合

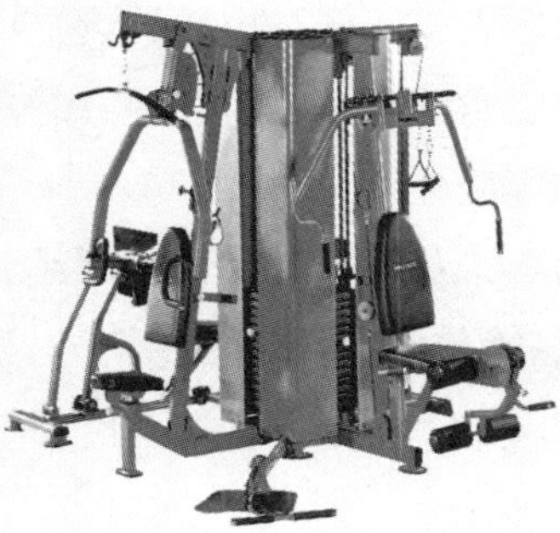

高级多功能综合训练器

哑铃

图 2-1-7 力量训练器材

2. 检查服务用品是否齐全。

服务用品包括：各类表格、单据、冰桶、冰夹、托盘、抹布、圆珠笔等。

3. 检查客用品是否齐全。

客用品包括：毛巾、钥匙等。

（四）查阅交接班记录簿，了解宾客预订情况及工作情况

（五）上岗时，站姿端正，面带微笑，精神饱满，符合《员工手册》要求

二、迎宾服务

1. 面带微笑，主动招呼客人，并询问客人是否有预订。如图 2-1-8 所示。

图 2–1–8　迎宾服务

①如有预约则核实客人详细信息，如姓名、人数，是否收取押金等。

②如无预约则主动为客人介绍健身中心的设施设备和收费标准等。

③如场地已满，对无预约客人应安排其按顺序等候，并告知等候时间，为客人提供茶水和书报杂志等服务。

2. 引领客人到服务台办理健身活动的登记手续，仔细登记客人信息，准确记录时间，并请客人在场地使用登记表上签字。

3. 向客人发放钥匙和毛巾，将客人引领至更衣室，并介绍更衣室的使用及注意事项。如图 2–1–9 所示。

图 2–1–9　更衣室设施

三、健身服务

1. 客人更衣完毕，服务员主动问候，征询客人要求，热情介绍各种健身器具的性能及效用。

2. 为客人调试健身器械，检查计量单位是否准确。如图 2–1–10 所示。

图 2-1-10　调试健身器械

3. 细心观察场内情况，及时提醒客人应注意的事项，当客人变更运动姿势或加大运动量时，服务员应先检查锁扣是否已插牢，必要时为客人换挡。

4. 对不熟悉器械的客人，服务员要热诚服务，耐心指导，及时为客人提供健身指导工作，必要时要以身示范，示范中注意讲解清楚，动作规范。如图 2-1-11 所示。

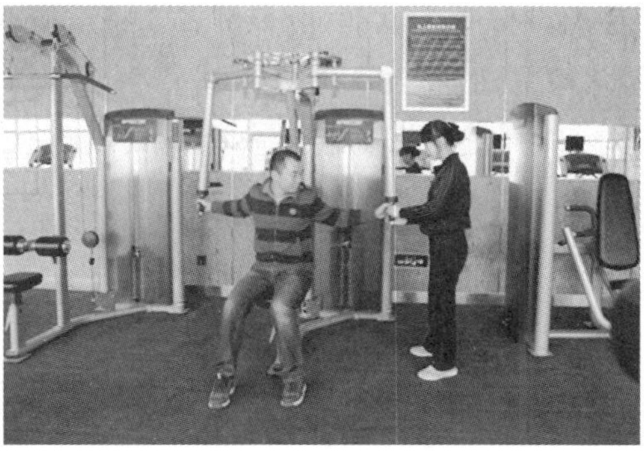

图 2-1-11　健身指导

5. 如客人需要，在其运动时可播放符合其节奏的音乐，运动间隙时，服务员要主动递上毛巾，为其提供饮料服务。如图 2-1-12 所示。

图 2-1-12　递上毛巾，提供饮料

6. 如客人希望做长期、系列的健身运动，服务员可按照客人的要求为其制订健身计划，并为客人做好每一次的健身记录。

7. 客人更衣完毕，应主动征求客人意见，并及时汇报给领班。

8. 客人示意结账时，服务员要主动上前将账单递送给客人，进行结账服务。

9. 客人离别时要主动提醒客人不要忘记随身物品，并帮助客人穿戴好衣帽。

小贴士：健身中心安全注意事项

- 劝阻客人使用超过力所能及的运动器械，以防身体伤害事故的发生。
- 随时注意观察现场的活动情况，避免意外事故的发生。
- 注意对第一次到来的客人及中老年人进行必要的指导。

四、送客服务

1. 客人健身完毕离开健身区域前，应提醒客人将借用或租用的服务用品交回服务台，如遇特殊情况，服务人员协助处理。

2. 送别客人至健身中心门口，礼貌地向客人致意和道别，并欢迎客人再次光临。

五、结束工作

1. 检查健身器械有无损坏，及时清扫场地，整理烟灰缸、台面和更衣室等。

2. 检查场内有无客人的遗留物品，如有发现，应及时交还。

3. 最后关灯、锁门。

任务实施

训练要求：

1. 熟悉健身中心设施及性能。
2. 根据客人需求推介健身运动项目。
3. 熟悉健身服务人员工作程序。
4. 对客人在健身中的意外事故能正确处理。

活动一:健身服务介绍

学生两个人一组,模拟练习服务员为第一次来健身的客人介绍健身项目和指导。

活动二:服务环节训练

学生分成小组,练习服务准备、迎客服务、健身服务、送客服务、结束工作等环节,教师现场巡视指导。

活动三:应急处理

学生分小组,模拟练习如何处理客人在健身过程中意外受伤的情况,并自行编排一段 3~5 分钟的案例进行展示。教师现场巡视指导。

任务评价

表 2-1-1 健身服务技能评价表

序号	内容	技能	评判结果			
			优	良	合格	不合格
1	服务准备	(1)能做好仪容仪表自我检查 (2)能检查各种健身器械是否完好 (3)能整理清洁工作区域 (4)能做好服务用品准备				
2	迎宾服务	(1)能主动问候客人 (2)能主动引领客人办理手续				
3	健身服务	(1)能主动介绍各种健身器械名称、功能 (2)能耐心地为客人进行正确的示范和指导,及时为客人调试健身器材 (3)能细心观察场内情况,及时发现问题				

续表

序号	内容	技能	评判结果			
			优	良	合格	不合格
3	健身服务	(4)能及时协助管理人员处理好突发状况 (5)能根据客人的需求提供个性化的服务 (6)能主动征求客人意见,及时汇报给领班 (7)能准确领会客人意图,做好结账服务				
4	送客服务	(1)能使用规范的服务语言送别客人 (2)能及时清扫场地并整理物品				

任务二 球类运动服务

任务目标

- 能掌握饭店常见球类服务的工作内容、服务程序。
- 了解台球、保龄球、网球、乒乓球四类球类运动的基本常识。
- 能识记球馆的主要设施设备，掌握球类运动的比赛规则和记分方法。
- 能熟练准确地为客人提供各种球类运动服务工作。

任务描述

现代饭店康乐部大都为客人提供了各种球类运动服务，包括台球、保龄球、网球、壁球、沙狐球、乒乓球、高尔夫球等项目，以满足不同住店客人的需要。台球是一种脑力与体力相结合的娱乐运动，运动量较小；保龄球又称地滚球，是客人在细长的木制滑道上，按照操作程序滚球后击中木瓶的一种室内运动，老少皆宜，不受年龄限制；网球与壁球都是一种具有社交性质的高雅休闲运动，饭店康乐部一般都设有室外网球场和壁球房，从而满足客人的康体需求；乒乓球是将网球打法改在桌上进行的一项运动，又称“桌上网球”；而高尔夫球运动是一项不太激烈的运动，参与者凭其优雅、高贵的肢体动作，展示出绅士淑女洒脱高贵的形象，作为一种时尚与地位的象征，为越来越多的高端客人所青睐，也成为越来越多高星级旅游饭店吸引客源的经营项目。作为一名康乐部的服务人员，了解和掌握各类运动项目的基本知识，服务流程规范是做好服务工作的基本前提条件。

图 2-2-1 饭店常见球类运动项目

任务分析

根据饭店最常提供的台球、保龄球、网球、乒乓球四类球类运动服务规范要求，从服务流程演练、设施设备识记、基本技术操作、比赛规则与记分标准学习四个方面全方位掌握饭店康乐服务中球类运动项目的对客服务技能。

任务过程

台球服务工作流程

一、工作前准备

（一）仪容仪表端庄整洁，符合要求

上岗前做自我检查，根据饭店仪容仪表要求穿着工服，保持清洁和完整性，佩戴好工号名牌，注意个人卫生，女服务员化淡妆。如图 2–2–2 所示。

图 2–2–2　台球室服务员

（二）做好设施设备及工作场所的清洁卫生

包括台球室地面的清扫、台案的整理、空调除尘、吧台整理、台球设备的清洁保养、服务用具的摆放等，保证符合酒店的卫生标准和要求。如图 2–2–3 所示。

（三）配齐台球室各种营业用品和客用出租用品

1. 检查设施设备是否完好，如有问题及时修理、更新或报工程部。

台球室设施设备包括：桌椅、台球桌、台球设备、辅助用品、服务用具、空调、灯具等。

图 2-2-3 清洁整齐的台球室

知识链接：台球基本设备（如图 2-2-2 所示）

加杆

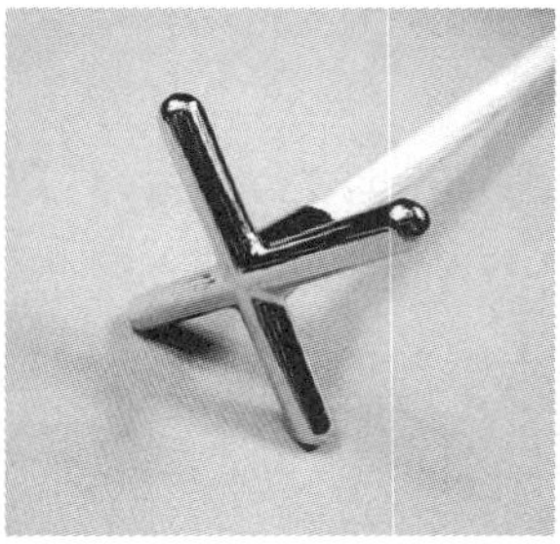

架杆

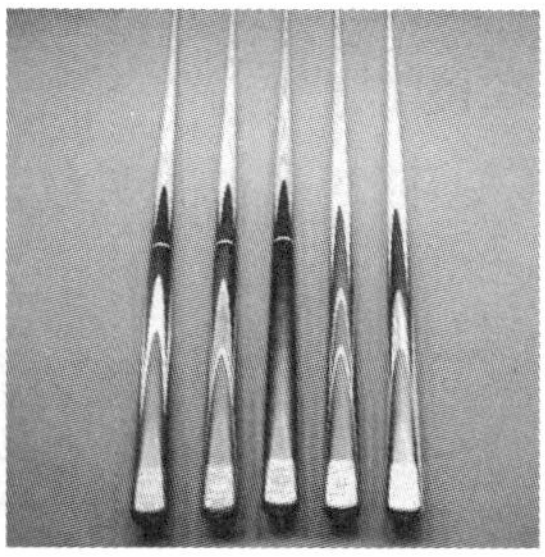

球杆

球台

三角框和球

台球架

图 2-2-4 台球基本设备

2. 折叠整理台球桌布并放置于服务台的收纳柜中。

3. 检查台球设备和辅助用品是否齐全。

4. 检查服务用品是否齐全。

服务用品包括：酒水单、冰桶、冰夹、托盘、抹布、圆珠笔等。

（四）查阅交接班记录簿，了解宾客预订情况及工作情况

（五）上岗时，站姿端正，面带微笑，精神饱满，符合《员工手册》要求

二、迎接工作

1. 面带微笑，主动招呼客人，并询问客人是否有预订。

①如有预约则核实客人详细信息，如姓名、人数，是否收取押金等。

②如无预约则为客人介绍台球室内的设施设备和收费标准等。

③如场地已满，对无预约客人应安排其按顺序等候，并告知等候时间，为客人提供茶水和书报杂志等服务。

2. 征询客人意见，安排合适的台球场地，指导办理相关手续。

3. 仔细登记客人信息，准确记录时间，一定要请客人签字确认。

4. 告知客人收费标准和计时标准，收取押金，准确开具押金单。

三、台球服务

1. 为客人办好活动手续，引领客人至指定球桌，打开照明灯，为宾客准备好球和球杆。

①打开球台照明灯，注意调节灯光亮度。灯罩距球台上方 75 厘米，亮度需要 300 瓦左右。如图 2-2-5 所示。

图 2-2-5 打开球台照明灯

②协助客人挑选球杆，如身材矮小的客人应选择较短的球杆，腕力好的客人可选择较重的球杆等。如图 2-2-6 所示。

图 2-2-6 挑选球杆

③码放台球,按照客人的要求摆放不同的台面。

知识链接(如图 2-2-7 所示):

台面摆放根据台球的类型摆放,目前一般分为英式台球和美式台球两种类型。

英式台球:又称斯洛克(snooker),有 15 个红球和分别为黄、绿、褐、蓝、粉、黑的彩球再加上白色的主球,共 22 个球。大赛一般采用英式台球。

图 2-2-7 英式台球

美式台球:又称美式普尔,在我国普及最广。有 16 个彩球,其中 1 个主球(白色),1~7 号为全色球,9~15 号为花色球,8 号为黑色球。玩法主要有:轮换球、8 号球、唤击球、见子打子、定球打法。

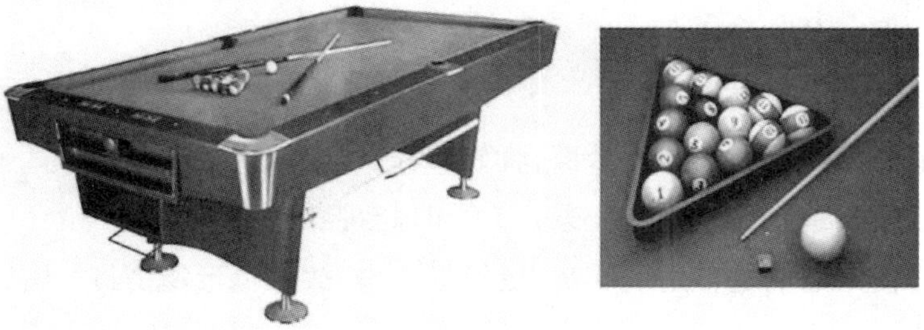

图 2-2-8 美式台球

④准备好记分板,介绍台球的相应规则,注意介绍时语言要简明扼要。如图 2-2-9 所示。

图 2-2-9 台球记分板

2. 根据客人要求，应准确提供客人所需的陪打、记分等服务。

3. 当一局结束时，服务员应该迅速按规则将台球重新摆好，并将记分牌复位。

4. 客人无陪打要求时，应站在指定服务位置，随时听候客人吩咐。

5. 主动征询客人意见，及时提供毛巾、饮料、茶水等服务，灵活运用推销技巧做好推销工作。

6. 客人活动结束后，应准确为客人结账。

①将账单迅速递到客人手中，如客人用现金结账，收银员应唱收唱付。

②如客人用信用卡结账，收银员应仔细核实信用卡的种类、有效期及客人身份证和签字。

③如客人要求挂单，应请客人出示房卡或有效凭证，并请客人签字。

四、送客服务

1. 客人离开时，服务员应提醒客人带好随身物品，并主动协助客人检查。

2. 清点、检查客人所用台球设备是否有损坏。如有应及时核实，视情况落实赔付事宜。

3. 送客人至门口并礼貌道别。

五、结束工作

1. 清点、码放台球，擦拭台面，收好球杆。

2. 收拾整理水杯、烟灰缸、茶几，关闭球台照明灯。

3. 将使用过的毛巾送洗衣房，更换新毛巾，放入消毒箱消毒。做好再次迎客的准备。

保龄球 Bowling

保龄球服务工作流程

一、工作前准备

（一）仪容仪表端庄整洁，符合要求

上岗前做自我检查，根据饭店仪容仪表要求穿着工服，保持清洁和完整性，佩戴好工号名牌，注意个人卫生，女服务员化淡妆。如图 2-2-10 所示。

图 2-2-10　保龄球馆服务员仪容仪表规范

（二）做好设施设备及工作场所的清洁卫生

包括清洁保龄球手指孔、记分台、座椅、茶几、屏幕、回球架、空调除尘、吧台整理、保龄球设备的清洁保养、服务用品的摆放等，保证符合饭店的卫生标准和要求。如图 2-2-11 所示。

图 2-2-11　清洁整齐的保龄球馆

（三）配齐保龄球馆各种营业用品和客用出租用品

1. 检查设施设备是否完好，如有问题及时修理、更新或报工程部。

保龄球馆设施设备包括：桌椅、球道、保龄球装备、服务用具、空调、灯具等。

2. 检查保龄球设备和辅助用品是否齐全。

知识链接：保龄球馆的主要设施设备

保龄球场地

一般是用枫树或松树等硬质木料铺成的细长水平滑道，其面积一般为 200~300 平方米。如图 2-2-12 所示。

图 2-2-12 保龄球场地

保龄球

保龄球又称地滚球，呈滚圆形，均以硬质胶木制成。直径 21.5 厘米。如图 2-2-13 所示。

图 2-2-13 保龄球

木瓶

木瓶即保龄球击中的目标，在球道的终端，10 个木瓶组成一个三角形。球瓶的材质使用漆木，外层涂上一层塑胶保护漆。基本颜色为白色。高为 38 厘米，最粗的部位为 12 厘米，底部直径 5.02 厘米。重量约 1.4 千克到 1.6 千克不等。如图 2-2-14 所示。

图 2-2-14 木瓶

保龄球道(如图 2-2-15 所示)

保龄球球道一般是由助走用的走道,球滚动的滚球道和放置球瓶的球瓶区所构成。

一般长 18.6 米,宽 1.05 米,常见的有木制球道和合成荧光球道两种。

自动回球系统(如图 2-2-16 所示)

图 2-2-15 保龄球道

图 2-2-16　自动回球系统

服务台与休息区(如图 2-2-17 所示)

图 2-2-17 休息区

记分台(如图 2-2-18 所示)

图 2-2-18　记分台

球鞋

打保龄球所穿的鞋子左右鞋底各不同。用右手持球者，其右脚鞋的脚底会有橡胶，左脚鞋的脚底会有皮革或布块，其目的是为了做滑步的动作。反之，左手持球者，是右脚鞋的脚底会有皮革或布块。而球馆提供的公用鞋是左右两脚都有皮革或布块。如图 2-2-19 所示。

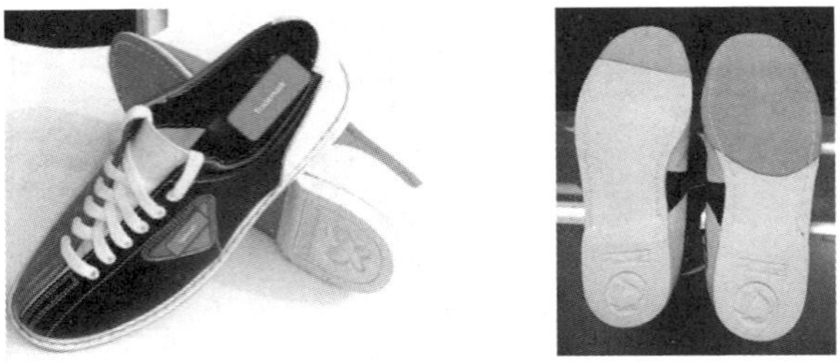

图 2-2-19 保龄球鞋

3.检查服务用具是否齐全。

服务用具：酒水单、冰桶、冰夹、托盘、抹布、急救箱、球沟拖把、球道纸芯拖把、丁字形拖把、球道清洁剂、球道油、大毛巾或布、笔等。

（四）查阅交接班记录簿，了解宾客预订情况及工作情况

（五）上岗时，站姿端正，面带微笑，精神饱满，符合《员工手册》要求

二、迎接工作

1. 面带微笑，主动招呼客人，并询问客人是否有预订。

①如有预约则核实客人详细信息，如姓名、人数，是否收取押金等。

②如无预约则为客人介绍保龄球馆内的设施设备和收费标准等。

③如场地已满，对无预约客人应安排其按顺序等候，并告知等候时间，为客人提供茶水和书报杂志等服务。

2. 仔细登记客人信息，准确记录时间，一定要请客人签字确认。

3. 告知客人收费标准和计时标准，收取押金，准确开具押金单。

4. 迎接买局的客人，场内服务员看到自己负责的球道上方屏幕上出现空白计分表格时，说明有客人已经在收银台买局。这时应主动引领客人到鞋发放柜台。

5. 提醒客人换上专用鞋，协助客人把换下的鞋及时摆放在鞋架上或座椅下。

6. 如客人需要脱衣摘帽，服务员要主动为客人服务，将衣帽挂在衣架上。

三、保龄球服务

1. 客人换好鞋后，引领客人至指定球道，打开电脑显示器，向宾客介绍活动规则和活动须知。

知识链接：

保龄球的规则

有三种情况

①全中：若一次投球击倒全部称好球或全中，换对方击球。用(X) 符号记录。全中的得分是本格固有得分 10 分加下两次投球击倒的瓶数。

②补中：若两次投球击中全部球瓶，称为补中。补中用符号(/)表示。补中的得分是本格固有得分 10 分加下一个球所击倒的瓶数

③未全部击中：两次投球都未能击倒所有球瓶，得分是本格击倒的所有的瓶数。

保龄球的术语

STRIKE——在一格里面的第一球打出全倒，称为“全中”。

SPARE——第一球并未全倒，于第二球全倒，称为“补中”。

SPLIT——很难打到的球，俗称技术球。

TURKEY——连续打出三次全倒。

MISS——两次都不能击中所有球。

保龄球的计分

保龄球比赛每人轮流投击两次为一格，十格为一局。

2. 客人选球时，要耐心向客人介绍球的重量，并向客人推荐。

一个人可凭喜好选择保龄球的重量，通常为 8~16 磅。

小贴士：

简便的选球标准

- 6~7 磅 小学生
- 8~9 磅 中学生
- 10~12 磅 女士
- 13~14 磅 男士
- 15~16 磅 中、高级球员

以体重 1/10 为依据的选球标准

40~49KG	10 磅
50~54KG	11 磅
55~59KG	12 磅
60~64KG	13 磅
65~69KG	14 磅
70~74KG	15 磅
75KG 以上	16 磅

3. 客人活动期间，服务员要主动征询客人意见，根据客人要求及时提供饮料、茶水服务。

4. 应客人要求陪打时，应注意发扬风格，礼让在先，对客人的理想得分，应鼓掌致意。

5. 客人休息间隙，及时为客人提供所需饮料和毛巾。

6. 当客人原定运动时间即将结束时，应及时询问客人是否需要续时。

7. 若客人在运动中受伤，服务员要及时提供简单的医疗救助，伤情严重的要及时与附近医院联系。

8. 客人活动结束，应准确为客人结账。

四、送客服务

1. 客人离开时，服务员应提醒客人带好随身物品，并主动协助客人检查。

2. 帮助客人退还保龄球专用鞋，并检查是否有损坏。

3. 清点、检查客人所用保龄球设备是否有损坏。如有应及时核实，视情况落实赔付事宜。

4. 帮助客人穿戴好衣服，再次检查确认客人是否有遗留物品。

5. 送客人至门口并礼貌道别。

五、结束工作

1. 收拾保龄球记分台、茶几、烟灰缸、水杯和地面杂物。

2. 专用鞋柜台服务员应按照规定定期定时对专用鞋进行清洁、除味、消毒。

3. 做好保龄球设施设备的日常维护、保养工作。

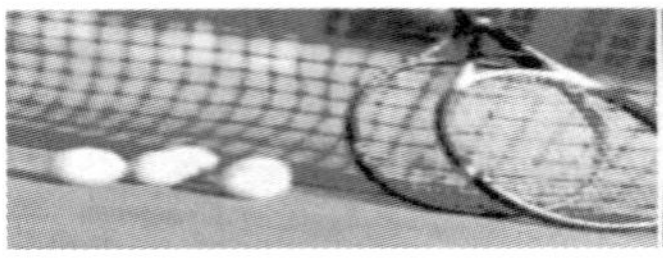

网球 Tennis

网球服务工作流程

一、工作前准备

（一）仪容仪表端庄整洁，符合要求

上岗前做自我检查，根据饭店仪容仪表要求穿着工服，保持清洁和完整性，佩戴好工号名牌，注意个人卫生，女服务员化淡妆。如图 2-2-20。

图 2-2-20 网球馆服务员仪表仪容规范

（二）清洁设施设备及工作场所的卫生（如图 2-2-21）。

包括网球场地、休息区座椅、茶几、球网架的清洁、吧台整理、网球设备的清洁保养、服务用品的摆放等，保证符合饭店的卫生标准和要求。

饭店室外网球场

饭店室内网球馆

图 2-2-21 清洁整齐的网球馆

（三）配齐网球场馆各种营业用品和客用出租用品

1. 检查设施设备是否完好，如有问题及时修理、更新或报工程部。

网球场馆设施设备包括：桌椅、网球装备、服务用具、空调、灯具等。

2. 检查网球设备和辅助用品是否齐全。

知识链接：网球场馆的主要设施设备（如下图）

图 2-2-22 网球围网

图 2-2-23 网球中网

图 2-2-24 网球全移动网柱

图 2-2-25 球场赶水器

图 2-2-26 网球裁判椅

图 2-2-27 记分牌

图 2-2-28 网球框

图 2-2-29 网球发球机

图 2-2-30 网球

图 2-2-31 网球拍

图 2-2-32 网球服

图 2-2-33 网球鞋

3.检查服务用品是否齐全。

服务用品:酒水单、冰桶、冰夹、托盘、抹布、急救箱、毛巾、笔等。

(四)查阅交接班簿,了解宾客预订情况及工作情况

(五)上岗时,站姿端正,面带微笑,精神饱满,符合《员工手册》要求

二、迎接工作

1. 面带微笑,主动招呼客人,并询问客人是否有预订。

①如有预约则核实客人详细信息,如姓名、人数,是否收取押金等。

②如无预约则为客人介绍网球馆内的设施设备和收费标准等。

③如场地已满,对无预约客人应安排其按顺序等候,并告知等候时间,为客人提供茶水和书报杂志等服务。

2. 仔细登记客人信息,准确记录时间,一定要请客人签字确认。

3. 告知客人收费标准和计时标准,收取押金,准确开具押金单。

4. 发放更衣柜钥匙和其他用品,如浴巾、毛巾等。

5. 提醒客人保管好贵重物品,锁好更衣柜。

6. 为客人指示更衣柜方位，提醒客人换好网球服和网球鞋。

三、网球服务

1. 根据客人的需要，协助其挑选合适的网球拍和网球。如图 2-2-34。

选择时依各人的臂力、握力、手腕力之强度来选择，依东方人的体型，为减轻手臂持拍的负担，应持较轻的球拍为宜；尤其初学者，为使球拍挥摆顺畅更应持较轻之球拍学习。握把之大小应与各人之手掌大小配合。

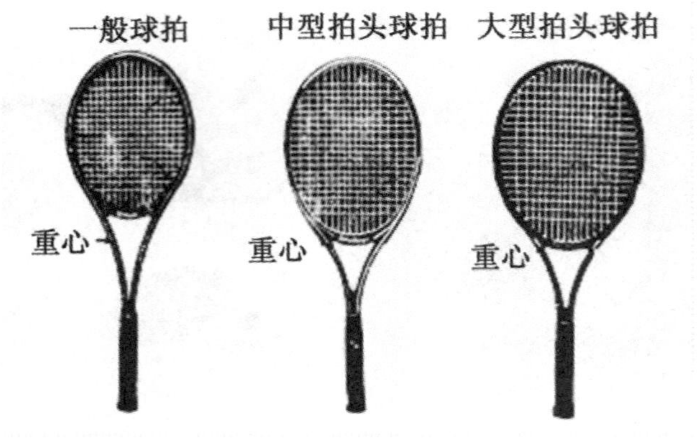

图 2-2-34　各类球拍

2. 引领客人到选定的球场，迅速为客人摆放好相应的网球设备和用具。

3. 如有需要，应向客人介绍网球相应的活动规则和安全须知。

4. 客人挥拍打网球时，应端正站立于一旁，并提供捡球服务。

5. 客人要求陪打时，要认真发挥自己的球艺，视客人的球艺控制输赢，以提高客人兴趣。

6. 客人休息时，应及时递上毛巾，随时听候客人吩咐，做好服务。

7. 客人打球结束，主动征求客人意见，如需淋浴应引领至淋浴室，并备好浴巾和拖鞋。

8. 客人更衣完毕，准确为客人结账，并收回更衣箱钥匙和租借物品。

四、送客服务

1. 客人离开时，服务员应提醒客人带好随身物品，并主动协助客人检查。

2. 清点、检查客人所用网球设备是否有损坏。如有应及时核实，视情况落实赔付事宜。

3. 帮助客人穿戴好衣服，再次检查确认客人是否有遗留物品。

4. 送客人至门口并礼貌道别。

五、结束工作

1. 做好网球场地、休息区、地面、吧台等的清洁卫生。

2. 把网球整理好放在网球框内。

3. 按规定清洁、整理客人租用的球拍、球鞋等物品。

4. 切断所有电器的电源。

乒乓球 Table tennis

乒乓球服务工作流程

一、工作前准备

（一）仪容仪表端庄整洁，符合要求

上岗前做自我检查，根据饭店仪容仪表要求穿着工服，保持清洁和完整性，佩戴好工号名牌，注意个人卫生，女服务员化淡妆。如图 2-2-35。

图 2-2- 35 乒乓球馆服务员仪表仪容规范

（二）做好设施设备及工作场所的清洁卫生

包括乒乓球场地、休息区座椅、茶几的清洁、空调除尘、吧台整理、乒乓球设备的清洁保养、服务用品的摆放等，保证符合饭店的卫生标准和要求。如图 2-2-36。

图 2-2-36　清洁整齐的乒乓球馆

(三)配齐乒乓球场馆各种营业用品和客用出租用品

1. 检查设施设备是否完好,如有问题及时修理、更新或报工程部。

乒乓球场馆设施设备包括:桌椅、乒乓球装备、服务用具、空调、灯具等。

2. 检查乒乓球设备和辅助用品是否齐全。

知识链接:乒乓球馆的主要设施设备

乒乓球场地:按国际标准要求,乒乓球场地为长方形,其长度不得小于 14 米,宽度不得小于 7 米, 天花板高度不得低于 5 米。如图 2-2-37。

图 2-2-37 乒乓球场地

球台:按国际标准要求,乒乓球台长度一般为 2.74 米,宽度为 1.525 米,高度为 0.76 米。如图 2-2-38。

图 2-2-38 乒乓球台

球网：主要包括球网、悬网绳、网柱和将它们固定在球台上的夹钳部分。如图 2-2-39。

乒乓球与球拍：按国际标准要求，乒乓球为圆球体，每一个乒乓球的直径，一般为 40 毫米，其重量为 2.7 克。如图 2-2-40。

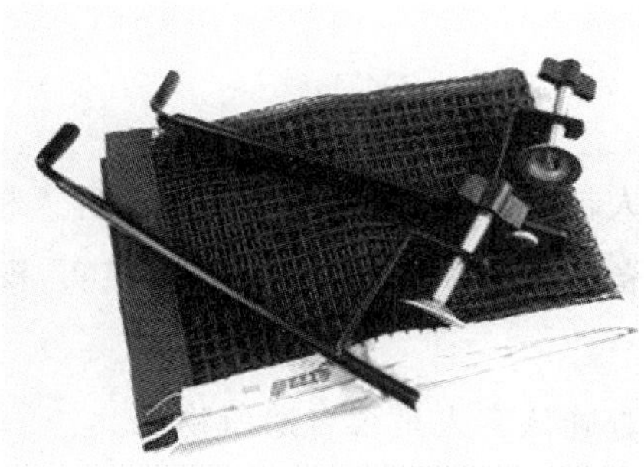

图 2-2-39 球网

图 2-2-40 乒乓球与球拍

3. 检查服务用品是否齐全。

服务用品：酒水单、冰桶、冰夹、托盘、抹布、急救箱、毛巾、笔等。

（四）查阅交接班簿，了解宾客预订情况及工作情况

（五）上岗时，站姿端正，面带微笑，精神饱满，符合《员工手册》要求

二、迎接工作

1. 面带微笑，主动招呼客人，并询问客人是否有预订。

①如有预约则核实客人详细信息，如姓名、人数，是否收取押金等。

②如无预约则为客人介绍乒乓球馆内的设施设备和收费标准等。

③如场地已满，对无预约客人应安排其按顺序等候，并告知等候时间，为客人提供茶水和书报杂志等服务。

2. 仔细登记客人信息，准确记录时间，一定要请客人签字确认。

3. 告知客人收费标准和计时标准，收取押金，准确开具押金单。

4. 发放更衣柜钥匙和其他用品，如浴巾、毛巾等。

5. 提醒客人保管好贵重物品，锁好更衣柜。

6. 为客人指示更衣柜方位。

三、乒乓球服务

1. 待客人办好活动手续，应打开照明灯，为宾客准备好球和球拍。

2. 根据客人的要求，服务员应准确提供客人所需的陪打等服务。

3. 客人无陪打要求时，应站在指定服务位置，随时听候客人吩咐，并主动征询客人意见。

4. 及时提供毛巾、饮料、茶水等服务。

5. 客人活动结束后，应准确为客人结账，并收回客人租借的球和球拍。

四、送客服务

1. 客人离开时，服务员应提醒客人带好随身物品，并主动协助客人检查。

2. 清点、检查客人所用乒乓球设备是否有损坏。如有应及时核实，视情况落实赔付事宜。

3. 帮助客人穿戴好衣服，再次检查确认客人是否有遗留物品。

4. 送客人至门口并礼貌道别。

五、结束工作

1. 做好乒乓球场地、休息区、地面、吧台等的清洁卫生。

2. 关闭球台照明灯，切断所有电器的电源。

3. 按规定清洁、整理客人租用的球拍等物品。

4. 将使用过的毛巾送洗衣房，更换新毛巾。做好再次迎客的准备。

任务实施

训练要求：

1. 将班级学生分成小组，每组又分 A、B 两小组，每组选一位组长。
2. 训练可在教室、模拟实训地进行。
3. 每组同学在训练过程中一定要认真，特别要注意操作过程的规范性。
4. 特别注意训练时的安全事项，防止摔倒或运动损伤。

活动一:学生完成分项任务训练

表 2-2-1 学生球类服务分项任务记录表

序号	项目任务	问题思考	完成情况记录
1	台球运动	(1)台球室的设施设备包括哪些? (2)如何帮助客人挑选不同的球杆? (3)两种台球的台面是如何摆放的?	
2	保龄球运动	(1)保龄球馆设施有哪些?有何作用? (2)保龄球的服务流程?	
3	网球运动	(1)网球馆设施有哪些?有何作用? (2)网球的服务流程?	
4	乒乓球运动	(1)乒乓球馆设施有哪些?有何作用? (2)乒乓球馆的服务流程?	

活动二:四种球类服务环节演练

将学生 A、B 两组分别扮成服务员或客人(角色可互换),由小组自编情景,完成各项球类服务中的准备工作、迎接工作、球类服务、结束工作等环节的演练。

任务评价

表 2-2-2 四种球类服务技能评价表

内容	环节	技能	评判结果			
			优	良	合格	不合格
台球服务 保龄球服务 网球服务 乒乓球服务	准备工作	(1)能做好仪容仪表自我检查 (2)能检查各种设施设备是否完好 (3)能整理清洁工作区域 (4)能做好服务用品准备				
	迎接工作	(1)能主动问候客人 (2)能主动引领客人办理手续 (3)能主动介绍各种设施设备名称、功能				

续表

内容	环节	技能	评判结果			
			优	良	合格	不合格
台球服务 保龄球服务 网球服务 乒乓球服务	球类服务	(1)能耐心地为客人进行正确的示范和指导 (2)能细心观察场内情况,及时发现问题 (3)能及时协助管理人员处理好突发状况 (4)能根据客人的需求提供个性化的服务 (5)能主动征求客人意见,及时汇报给领班 (6)能准确领会客人意图,做好结账服务				
	结束工作	(1)能使用规范的服务语言送别客人 (2)能及时清扫场地并整理物品				

任务三 游泳池服务

任务目标

- 能掌握饭店游泳池服务的工作内容、服务程序，熟练准确为客人提供服务。
- 了解游泳运动的基本常识。
- 识记游泳池(馆)的主要设施设备，掌握其卫生质量要求。
- 能对游泳常见情况灵活处理。

图 2-3-1 饭店室内游泳馆、室外游泳池

任务描述

游泳是一种水上运动，运用头部、躯干、手臂、腿的动作，使身体自由地在水中活动或游进，是一项男女老少皆宜，且普及较广的运动。在体育俱乐部、文化游乐中心、酒店等公共场所，游泳池更是不可缺少的一项重要的服务设施。随着我国经济的迅猛发展，越来越多的高星级饭店康乐部门为客人提供游泳运动服务。该项目主要包括室内游泳馆和室外游泳池(如图 2-3-1)并设置了救生员、游泳池服务员、水质净化员，教练等工作岗位。本任务主要针对游泳池服务员工作而设计，帮助学习者了解需要具备的游泳池服务知识和技能，使其能在将来的工作中为客人提供规范、满意的游泳池服务。

任务分析

现代饭店康乐部游泳池服务，一般需要服务员通过准备工作、迎接工作、游泳池服务、结束工作四个步骤来为客人提供完整的服务。本任务将通过对各步骤相关服务知识及技能的学习，掌握游泳池服务的所有流程。

任务过程

游泳池服务工作流程

一、工作前准备

（一）仪容仪表端庄整洁，符合要求

上岗前做自我检查，根据饭店仪容仪表要求穿着工服，保持清洁和完整性，佩戴好工号名牌，注意个人卫生，女服务员化淡妆。如图 2-3-2。

图 2-3-2 游泳池服务员仪表仪容规范

（二）环境卫生及设施设备消毒

清洁游泳池环境卫生并对设施设备进行检查与消毒，注意检查水温、水质，并将检查结果写在公告栏上，保证符合饭店的卫生标准和要求。如图 2-3-3。

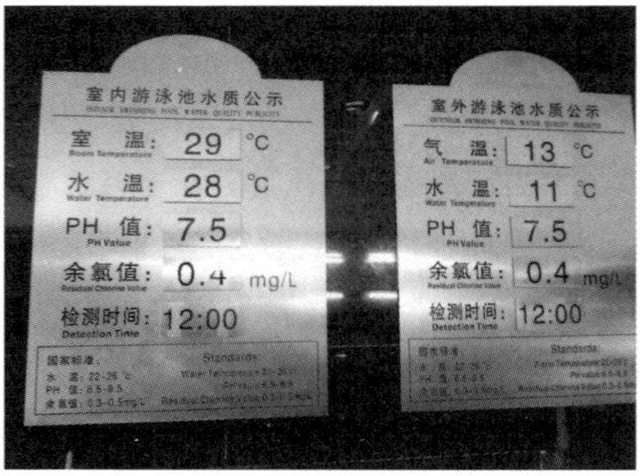

图 2-3-3 饭店游泳池公告栏

1.清洁游泳池水面及水底吸尘。

2.对水质进行化验，并根据化验结果适量投药达到净化标准。标准是：pH 值 6.0~9.0，含氯 0.6mg/L 左右，室内游泳池水温控制应达到大池 28℃左右，儿童池 30℃左右。

表 2-3-1 游泳池卫生标准

项　目	标准值	项　目	标准值
池水温度,℃	22~26	游离性馀氯,mg/L	0.3~0.5
pH 值	6.5~8.5	细菌总数,个/mL	≤1 000
浑浊度,度	≤5	大肠杆菌,个/mL	≤18
尿素,mg/L	≤3.5	有毒物质	按 TJ36 表 3 执行

表 2-3-2 天然游泳场水质卫生标准值

项　目	标准值	项　目	标准值
pH 值	6.0~9.0	漂浮物质	无油膜及无漂浮物
–	–	有毒物质	按 TJ36 表 3 执行或按 GB3079

表 2-3-3 游泳馆空气卫生标准值

项　目	标准值	项　目	标准值
冬季室温,℃	高于水温 1~2	空气细菌数	
相对湿度,%	≤80	a. 撞击法,cfu/m^3	≤4 000
风速,m/s	≤0.5	b. 沉降法,个/皿	≤40
二氧化碳,m/s	≤0.5	–	–

3. 冲洗、刷清泳池、脚水池并放清水加适量药使其达到标准。

4. 清洁水池周围的环境和设施,冲洗地面、擦清门窗、整洁绿化和盆景,并用溶液消毒和擦净客用的躺椅、桌子、茶几和拖鞋、拖鞋架等设施和用具。

5. 清洁更衣室和淋浴室,擦清地面和四壁,擦净更衣箱、洁具、喷淋器、镜面、洗盆和椅子并进行常规消毒,补齐手纸、香皂、护肤品等规定的各种客用供应品。

6. 营业时间应时刻做好循环放水工作,视水质情况定期换水,经常检查池水清洁度。

7. 除去水中浮物和沉淀物,及时冲洗地面、更换和消毒脚水池。

8. 检查更衣室和淋浴室的卫生,将使用过的拖鞋进行清洁消毒处理。

游泳池(馆)的主要消毒剂类型:

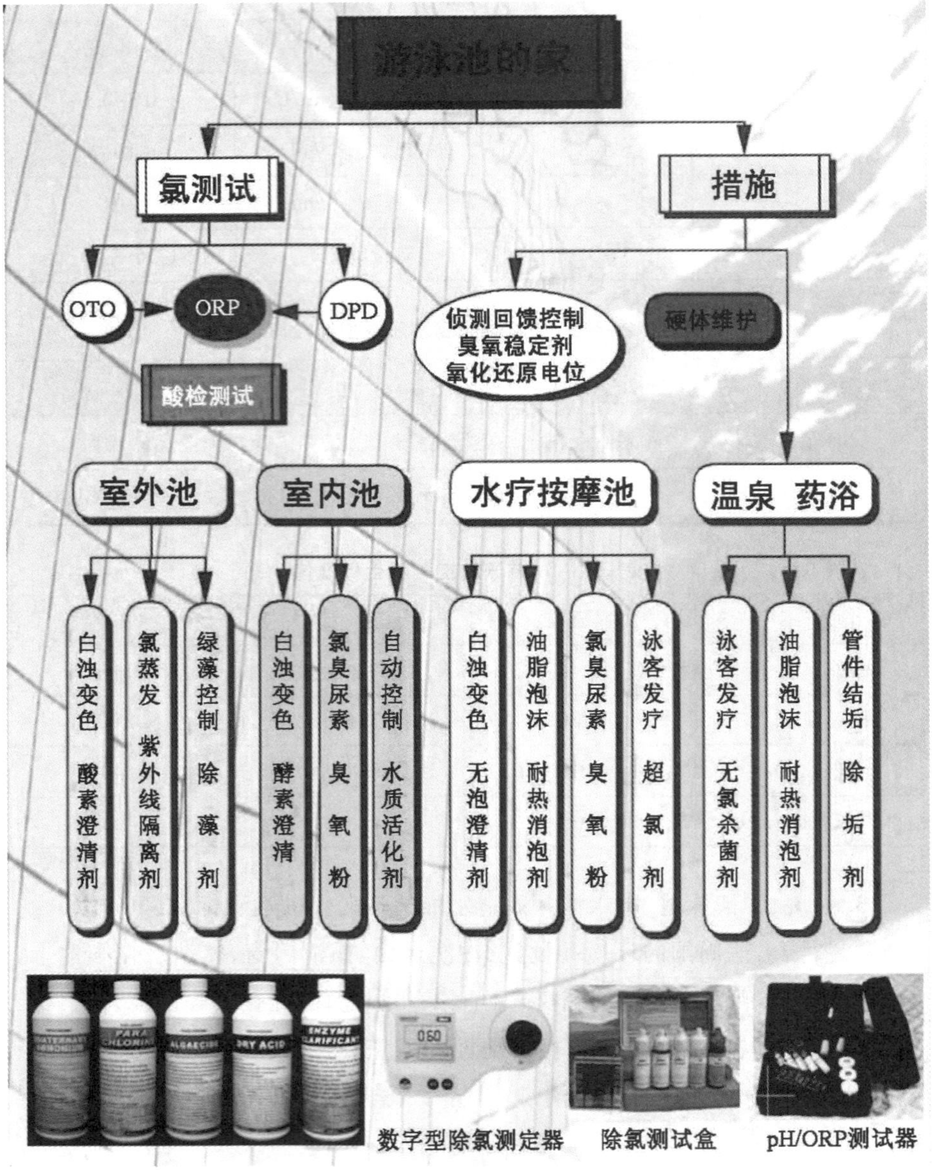

图 2-3-4 游泳池各类消毒剂

知识链接:

游泳池是一个公共场所,所以对卫生标准的要求很高,为了保证人体的健康,必须定时进行消毒,一般的游泳池,消毒都要经过以下的 5 个步骤,这样消毒才能够更彻底。

步骤一：杀藻/抑藻

投放硫酸铜，以每立方米水 2~3g 投放（即 1 000 立方米水投加 2~3kg），如若处理新水则加倍投放。每月 1~2 次（若有下列操作，则 2 个小时后再进行下列步骤）。

步骤二：杀菌/消毒

每天使用游泳池消毒药品（如游泳池消毒粉或游泳池消毒片）进行消毒。以每立方米池水 2g 投放(即 1 000 立方米投放 2kg)。加药最好在开放前 1~2 小时进行。每周进行一次突击性处理(即加倍投放消毒药品，最好在当晚游泳池收场后进行)。

步骤三：调节 pH 值

使用 pH 调节剂（氢氧化钠）调节游泳池水体的 pH 值，使其保持在 7.2~7.8 之间最为理想。（一般使用游泳池消毒粉或游泳池消毒片进行水体消毒时，水质的 pH 值会降低，因此一般使用提高 pH 值的调节剂）。每升高 1 度 pH 值，按照每立方米池水 10g 投放。

步骤四：投放澄清剂进行水质净化

游泳池水中的悬浮物过多会使水质浑浊，这时需要使用澄清剂来对水质进行净化，按每周投加一次，每 1 600 立方米水体投加 1kg，投加后需加大循环水量，使其水中出现矾花，静止 6~8 小时（这个步骤一般在晚上进行）。第二天可以看到游泳池底下有一层黄色的沉淀物，而池水已经变清，这时就可以进行吸污。

步骤五：吸污

使用游泳池专用吸污工具进行吸污，吸污时注意吸污头（盘）的推进速度，太快了沉在池底的脏物会吸不干净。

（三）配齐游泳池（馆）各种营业用品和客用出租用品

1.检查设施设备是否完好，如有问题及时修理、更新或报工程部。

游泳池（馆）设施设备包括：浸脚消毒池、循环水处理设备、观望椅、太阳伞、游泳池自动清洗机等。如图 2–3–5。

游泳池(馆)的主要设备

浸脚消毒池

太阳伞

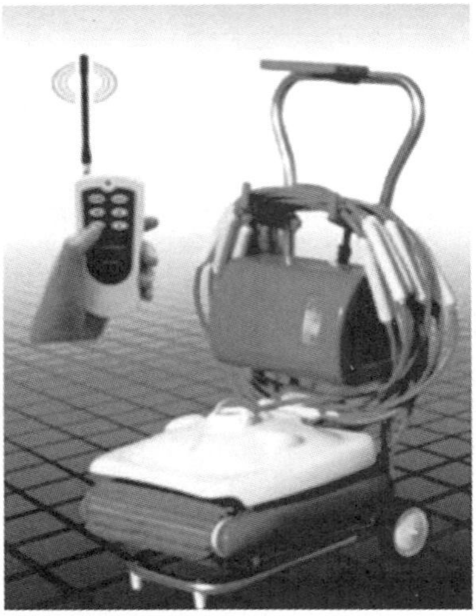

专用自动吸污机

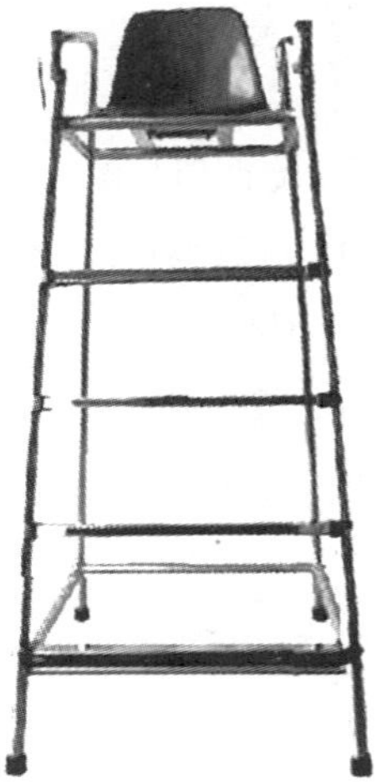

观望救生椅

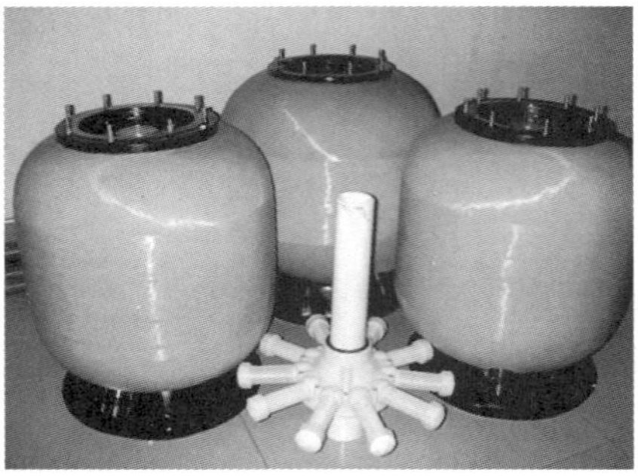

循环水处理设备

沙滩床

图 2-3-5 游泳池(馆)的主要设备

2. 检查游泳池(馆)设备和辅助用品是否齐全。

步骤一：

检查更衣柜，救生器材等设备是否齐全，运转是否正常。

(1) 认真检查，若有损坏及时更换或修复。

(2) 补充更衣室的棉织品和易耗品(洗发水、沐浴露等)。

(3) 作好相关登记。

步骤二：

准备好足够数量的各种表格及必用品，放置在规定位置，如登记表、服务巾、长杆救生钩、安全标志、救生圈等。如图 2-3-6。

救生圈

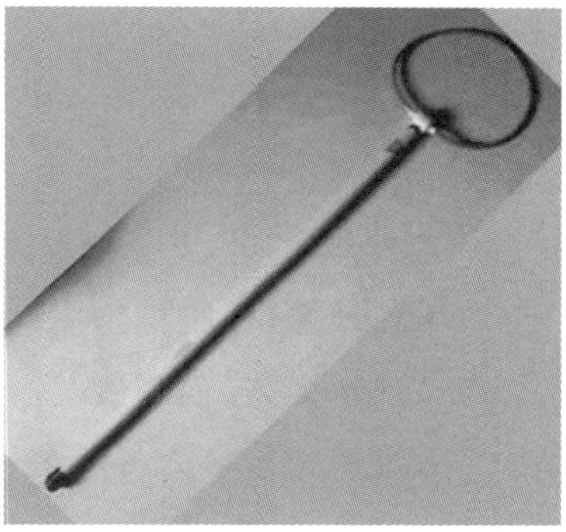

救生钩

各类安全标志

更衣柜

图 2-3-6 游泳池辅助设备用品

(四)恭候客人光临

服务员站于规定的位置恭候客人的到来，在站立过程中注意抬头，挺胸等使自己的仪态符合服务要求。如图 2-3-7。

图 2-3-7 恭候客人

二、迎接工作

(一)主动问候客人,进行验票并做好记录工作

1.仪表整洁,精神饱满。

2.热情大方,面带微笑。

3.准确记录客人的姓名、房号(住店客人)、到达时间、更衣柜号码等。如图 2-3-8。

图 2-3-8 问候客人,验票及记录

图 2-3-9 发放更衣柜钥匙

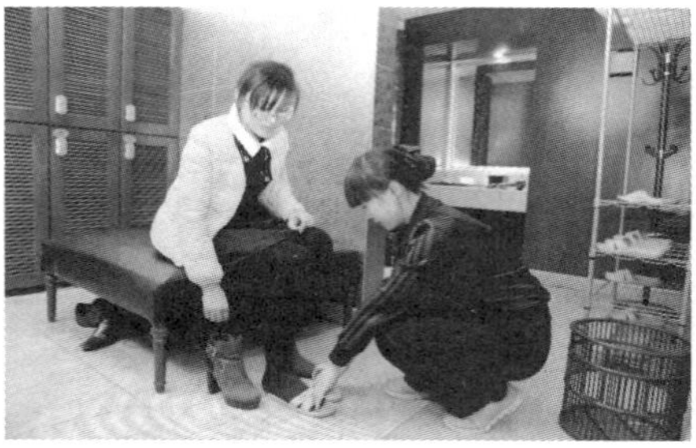

图 2-3-10 准备拖鞋

图 2-3-11 指引方向 ,介绍设施

(二)发放更衣柜钥匙及其他物品,如大小浴巾等,如图 2-3-9。

1. 注意提醒客人保管好贵重物品。

2. 服务员应引领客人至更衣室为宾客准备好拖鞋,向客人介绍游泳池各项服务设施和位置。如图 2-3-10,图 2-3-11。

(三)更衣室内服务

1. 提醒客人锁好更衣柜。

2. 提醒客人做简单运动并用冷水淋浴,以增强身体的适应能力。

3. 提醒客人从强制喷淋通道和消毒浸脚池通过进入游泳池。

三、游泳池服务

(一)随时关注池内客人,如有异常,应立即救护,保证客人安全

1. 提醒有小孩的客人注意照看好自己的小孩,提示客人尽量不要到深水区游泳。

2. 特别注意老年人、儿童和妇女的游泳情况。

3. 礼貌规劝越轨行为。

4. 发现险情及时急救,确保安全。

知识链接:

什么人不宜游泳

- 患心脏病、高血压、肺结核等严重疾病,难以承受大运动量的人。
- 沙眼、中耳炎、皮肤病、性病等传染性疾病患者。
- 饭后或酒后不宜立刻游泳,因为胃受水的压力及冷刺激易引起痉挛腹痛,久之会引起慢性胃肠炎。饭后四十分钟方可游泳。
- 月经期不宜游泳,若有保护装置并且有游泳习惯的人可以游,但时间不宜过长。

游泳的保健常识

1. 游泳时水温一般都会低于体温,可能会患感冒。下水之前先作淋浴,能使身体适应水温。

2. 游泳时,肌肤在湿润状态下,由于光线反射作用,造成日晒效果会是干燥时的三倍。水未干时长时间曝晒,皮肤会出现红斑、水疱、大面积皮肤剥

脱，伴有针刺样疼痛。

3. 游泳后，应及时洗澡，才不会造成皮肤痒痛。

4. 泳后，及时用0.9%的盐水洗眼，或滴几滴眼药水，以防感染和不良刺激。

事故等级划分，紧急处理预案

1. 一级事故

(1)症状：游泳受伤者出现意识丧失，瞳孔放大，呼吸、心搏消失或出现死亡症状。

(2)预案：

A. 除现场技术人员外，所有人员一律坚守岗位，如情况危急，立即终止开放。

B. 应就地实行开放气道，人工呼吸、胸外按压等心肺复苏的现场急救。

C. 迅速拨打120电话，联系救护车转送医院抢救(转运途中应分秒必争地继续施救)。

D. 立即向上级主管部门领导书面报告，并迅速与其家属取得联系。

2. 二级事故

(1)症状：溺水受伤者出现昏迷状态，呼吸、心搏微弱，严重外伤，骨折，大出血，有生命危险。

(2)预案：

A. 除现场急救人员外，其他人员一律坚守岗位。

B. 应立即施行心肺复苏，止血包扎，骨折固定等现场抢救。

C. 迅速拨打120，联系救护车转送医院抢救。

D. 尽快与其家属取得联系。

E. 向上级部门领导报告。

3. 三级事故

(1)症状：发生一般溺水，较重外伤，但无生命危险。

(2)预案：

A. 现场做急救处理。

B. 通知家属到现场接应。

C. 必要时送医院进一步治疗。

（二）根据客人需要，及时向客人提供饮料和休闲小食品服务如图 2-3-12。

1. 注意准确开单和使用托盘送上。

2. 注意提供饮料服务时，防止玻璃或陶瓷盛器破碎。

图 2-3-12 饮料、休闲小食品服务

（三）随时整理游泳池周围的环境卫生，避免客人出现意外

1. 注意擦干躺椅、桌面和地面的水迹等。

2. 更换烟灰缸，收回不用的浴巾、救生圈等。

（四）客人报失物品或发现有可疑人员活动时，及时上报管理人员，请求处理

（五）整理清洁洗浴间、卫生间，如图 2-3-13 所示

1. 注意及时收拾香皂头、杂物，清洁摆放洗浴用品的台面、皂碟。

2. 及时更换纸篓中的垃圾、清洁坐便器、补充厕纸、喷洒除异味剂。

图 2-3-13 整理清洁洗浴间、卫生间

(六)清洁更衣室,如图 2-3-14 所示

1. 及时收拾香皂头、杂物和拖鞋等。

2. 发现更衣柜上有遗留的钥匙时,应立即交服务台并做好登记,以便客人找寻遗留物品时查询。

图 2-3-14　清洁更衣室

(七)引领客人

客人游泳完毕服务员应主动引领客人至淋浴室并根据客人要求提供各种服务。

四、结束工作

(一)做好结账和送客工作

1. 客人离别主动提醒客人不要遗忘物品并亲切道别。

2. 登记客人离开时间。

(二)清点设备、检查有无客人遗留品,如有应汇报主管并做好记录,及时归还客人

(三)及时清理泳池工作场所及更衣室

1. 清洁更衣柜,将客人使用过的布巾类物品及时送酒店洗衣房洗涤。

2. 补齐各种客用消耗品迅速恢复营业状态。

3. 注意对洗浴间、卫生间、更衣室等进行全面清洁,清除异味,并喷洒消毒液进行消毒。

(四)游泳池开放完毕要及时清场

营业结束后对工作场所进行检查、整理摆放好各类用具,检查排水渠道,调整水泵运转,关闭照明灯和门窗,保证安全。

任务实施

训练要求:

1. 将班级学生分成小组,每组又分 A、B 两小组,每组选一位组长。
2. 训练可在教室、模拟实训地进行。
3. 每组同学在训练过程中一定要认真,特别要注意操作过程的规范性。
4. 特别注意训练时的安全事项。

活动一:学生完成分项任务训练

表 2-3-4 学生游泳池服务分项任务记录表

序号	项目任务	问题思考	完成情况记录
1	游泳池消毒剂识别	(1)游泳池常用消毒剂有哪些? (2)各类消毒剂的使用方法及注意事项?	
2	游泳池消毒步骤	游泳池消毒的步骤有哪些?	
3	游泳常见情况处理	(1)客人发生抽筋如何处理? (2)客人游泳眼睛红肿如何处理? (3)客人游泳时溺水如何处理? (4)客人游泳时耳朵进水如何处理?	

活动二:游泳池服务各环节演练

将学生 A、B 两组分别扮成服务员或游泳客人(角色可互换),由小组自编情景,完成游泳池服务中的准备工作、迎接工作、游泳池服务、结束工作等环节的演练(要求至少要设置一件常见情况的处理)。

任务评价

表 2-3-5　饭店游泳池服务技能评价表

内容	环节	技能	评判结果			
			优	良	合格	不合格
1	准备工作	(1)能做好仪容仪表自我检查 (2)能检查各种设施设备是否完好 (3)能整理清洁工作区域 (4)能识别游泳池设施的配置 (5)能正确识别与使用游泳池消毒剂 (6)能规范为游泳池消毒				
2	迎接工作	(1)能主动问候客人 (2)能主动引领客人办理游泳手续				
3	服务工作	(1)能主动介绍各种设施设备名称、功能 (2)能耐心地为客人进行正确的示范和指导 (3)能细心观察场内情况,及时发现问题 (4)能及时协助管理人员处理好突发状况 (5)能根据客人的需求提供个性化的服务 (6)能主动征求客人意见;及时汇报给领班 (7)能准确领会客人意图,做好结账服务				
4	结束工作	(1)能使用规范的服务语言送别客人 (2)能及时清扫场地并整理物品				

项目评价

一、自我评价

请填写“饭店运动休闲服务”项目能力自我评价表，如表 2-P-1 所示。

表 2-P-1 “饭店运动休闲服务”项目能力自我评价表

主要内容		全部做到	大部分做到	基本做到	没做到
健身运动服务					
球类运动服务					
游泳池服务					
自我评价	我的优势				
	我的不足				
	我努力的目标				
	我的具体措施				

注：自我评价等级在符合的情况下面画“√”。

二、小组评价

请填写“饭店运动休闲服务”项目能力小组评价表，如表 2-P-2 所示。

表 2-P-2 “饭店运动休闲服务”项目能力小组评价表

主要内容	全部做到	大部分做到	基本做到	没做到
健身运动服务				
球类运动服务				
游泳池服务				
建议： 组长签字：　　　年　月　日				

三、教师评价

请教师填写“饭店运动休闲服务”能力教师评价表，如表 2-P-3 所示。

表 2-P-3 “饭店运动休闲服务”能力教师评价表

评价等级	评价标准	评价结果
优秀	(1)能够很好地掌握健身运动服务、球类运动服务、游泳池服务的知识及技能 (2)小组活动中积极主动，协作性强	
良好	(1)较好地掌握健身运动服务、球类运动服务、游泳池服务的知识及技能 (2)小组活动中比较积极主动，协作性较强	
合格	(1)基本掌握健身运动服务、球类运动服务、游泳池服务的知识及技能 (2)小组活动中比较积极主动，协作性较强	

拓展训练

拓展训练一：常用健身器材的使用程序及注意事项

图 2-T-1 常用健身器材

1.登山机

使用程序：

- 双脚与踏板完全接触，成站立姿势。
- 按下开始键，根据指令输入自身体重，选择合适的锻炼目标强度。
- 根据指令选择所需锻炼图案，并将其输入程序。
- 根据指令选择自己所需锻炼时间，并锁定。
- 将所需数据输入后，便可开始锻炼。

使用注意事项：

- 切记，要穿运动鞋，不要光脚或者穿皮鞋等。
- 使用前做热身运动，在上登山机前让身体活跃起来。
- 身体应随时保持直立。
- 避免膝关节和肘关节僵硬，应有弹性。
- 随时保持对身体平衡的控制。
- 避免双脚同时着地。
- 身体关节有损伤，或者不能正常活动者慎用。

2.跑步机

使用程序：

- 双脚分开，站在跑步机边缘上。
- 按下电源开关键，使数据表盘闪示。
- 按下开始键，使皮带轮转动。
- 双脚踏在皮带轮上随其走动。
- 按下快速键，使其达到自身所需目标。
- 当需减速时按下慢速键，使其达到自身所需目标。
- 当需检查行驶中的各项数据时，按下检测键，可随时得出行驶中的步幅、时间及距离。

使用注意事项：

- 先开动机器，后站在皮带轮上。
- 双手握住手杆，当达到所需频率时，再将双手离开。
- 双脚的频率应与皮带轮的转速一致。
- 双脚正确地接触轮面，随时保持身体平衡。
- 双臂自然摆动，避免全身僵硬。

3.划船器

使用程序：

- 按下复原键，使表盘上的数据显示为零。
- 按下时间键，选择所需运动时间。
- 若按下距离键，选择所需完成的距离。
- 当确定了时间或距离键后，按下准备就绪键，即可开始锻炼。
- 当规定的时间或距离完成后，要找所需数据(热量、瓦数、心率等)。

使用注意事项：

- 成坐姿，绑好脚带，双手紧握手把。
- 准备划时，两臂伸直，两脚弯曲，上体中心稍前倾。
- 划船时，两脚用力蹬直，身体重心后移，同时用手拉至胸前。
- 两腿弯曲，身体重心前移或呈开始姿势，重复进行。

4.动感单车

使用程序：

- 先成坐姿，调整坐姿角度。

- 根据表盘上的显示，拨动阻力键，选择适合自己的目标强度。
- 根据指令选择自己所需的锻炼时间。

使用注意事项：

- 不要耸肩，保持挺直，避免含背或过分后倾，令背部受压而损伤。
- 无论任何动作，头部尽量与背部保持平直，不要过高或前仰。
- 套好脚套，收紧。
- 双臂保持微曲，手腕不要过分弯曲。
- 运动时穿宽松裤和短袖 T 恤。

拓展训练二：台球运动基本技术环节

1.身体姿势（如图 2-T-2）

图 2-T-2 台球基本姿势

2.手架

架杆方法：V 字形架杆、O 字形架杆。如图 2-T-3，图 2-T-4。

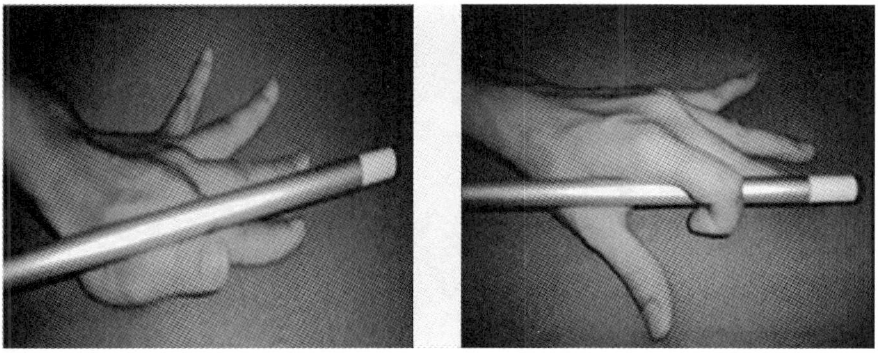

图 2-T-3 架杆方法

图 2-T-4　握杆、试杆、瞄准、出杆

拓展训练三：保龄球技术

步骤一：选择正确的持球方式

抓球——持球——捧球

抓球：

中指和无名指分别插到第二关节最合适，先将两指尖插入两小指的球孔，并且塞紧，再将拇指伸入拇指孔，拇指全部插入球孔，必须伸入至虎口，小指贴靠无名指，食指张开。如图 2-T-5。

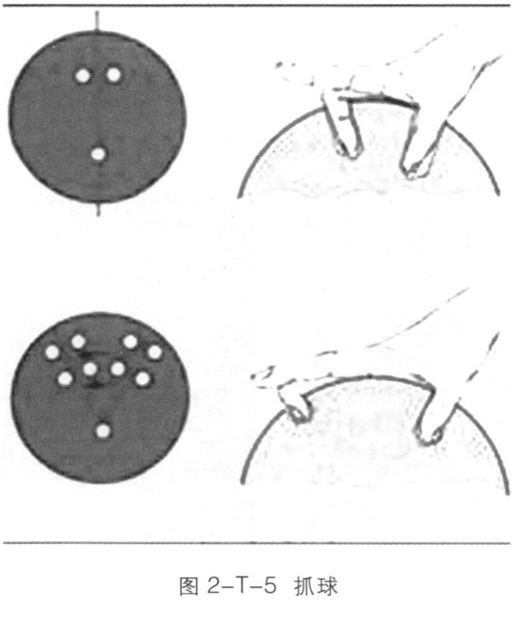

图 2-T-5　抓球

持球：

先将右手的中指和无名指插入指孔，再把大拇指深插入指孔，手心贴着弧面把球牢牢握住，手腕保持平直，与手臂呈直角。如图 2-T-6。

图 2-T-6 持球

捧球：

球的位置要在腰与肩之间，球的中心与手臂在一条直线上，以右手承担球的重量的 60%，左手承担球重量的 40%的方式捧球。如图 2-T-7。

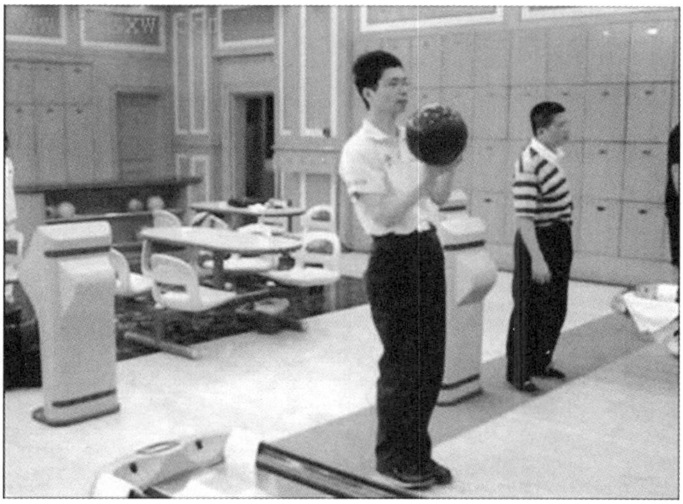

图 2-T-7 捧球

步骤二：确立投掷目标

1. 以球瓶为目标　　2. 以箭头为目标　　3. 以线路为目标

步骤三:助走出球(如图 2-T-8)

将球持于皮带前方约 10 厘米处,手肘紧贴靠着腰,拇指朝 11 点钟方向,两手将球拿正,身体摆正,松肩,精神集中,然后起步法通常分为三步、四步、五步法 3 种,四步法比较常用,如图 2-T-9:

图 2-T-8 助走出球

第 1 步先从右脚踏出,同时将球向前伸出与身体约成 90 度;

第 2 步左脚踏出,球在手上向身后划动;

第 3 步右脚向前踏出时,球的位置放到后面;

第 4 步左脚滑出时,同时将球从手里轻力送出。

注意投球进最后一步不要超过犯规线,否则会被扣分

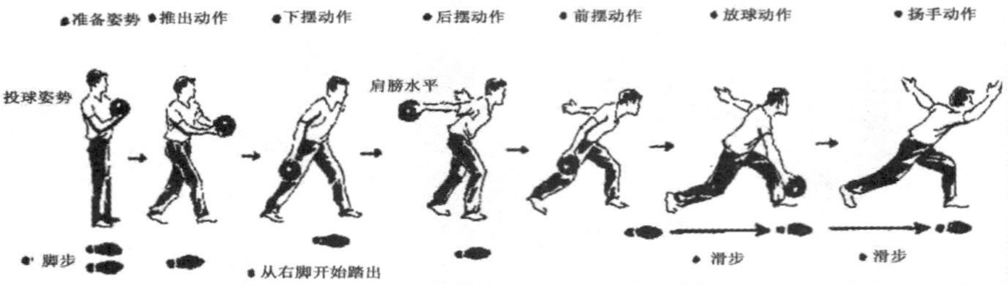

图 2-T-9 四步助走法

步骤四:推球

推球时要掌握三个要素:韵律、平衡、时机。如图 2-T-10。

图 2-T-10 推球

步骤五:摆荡

倾身推球向前跨步,并以肩膀为支点,将手臂做一次往返钟摆。如图 2-T-11。

步骤六:放球

滑行脚抵达,犯规线之前,做离手动作。如图 2-T-12。

图 2-T-11 摆荡

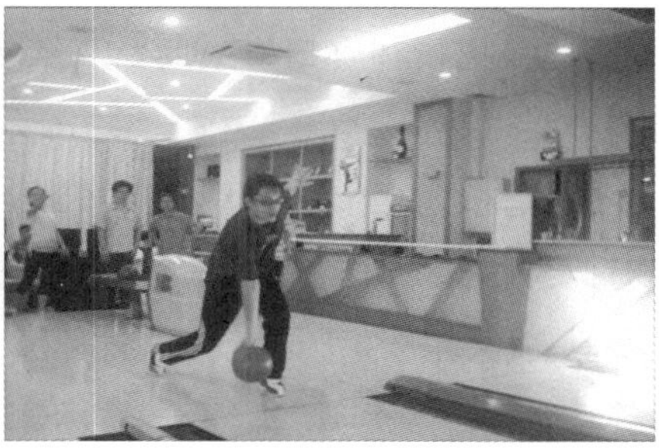

图 2-T-12 放球

步骤七:扬手

球掷出后,手势顺势上挥。如图 2-T-13。

图 2-T-13 扬手

拓展训练四：网球运动技巧

步骤一：准备活动

开始打网球前，应按惯例进行热身。准备活动能使关节和肌肉放松，使人灵活。还将使心率加快并防止身体损伤，有利于在场上移动更快，动作伸展范围更广。包括：腹股沟伸展、腿的伸展、肩的伸展、侧身运动、缓慢移动。

步骤二：选择适合的握拍法

1. 东方式握拍法，如图 2–T–14。亦称“握手式”握拍法。该握法非常适宜初学者进行底线正、反拍击球。对各种高和旋转的球有较广的适应性。

图 2–T–14　东方式握拍法

方法：拇指和食指形成的“V”形对准拍柄右上斜面，拇指扣在中指上，食指与中指微离。

2. 大陆式握拍法，如图 2–T–15。对于较低的反弹球及低截击极为适合，同时此握拍法无正反拍握法之分，处理截击、发球异常方便；但此种握拍法必须要具备强劲的腕力来配合击球时机，否则呈反效果。较多采用在发球、截击球等技术中。

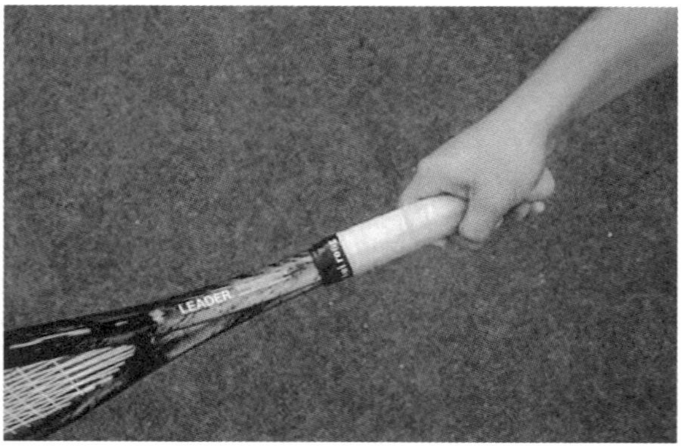

图 2–T–15　大陆式握拍法

方法："V"形对准右上斜面与右垂直面交界处。

3.西方式握拍法，如图 2-T-16。很适合于正手强劲上旋球的打法，较适合打腰部及以上来球。但对较低的来球较难处理，反手击球非常不便。由于反手不易击球，一般选手不乐于执握此种握法。

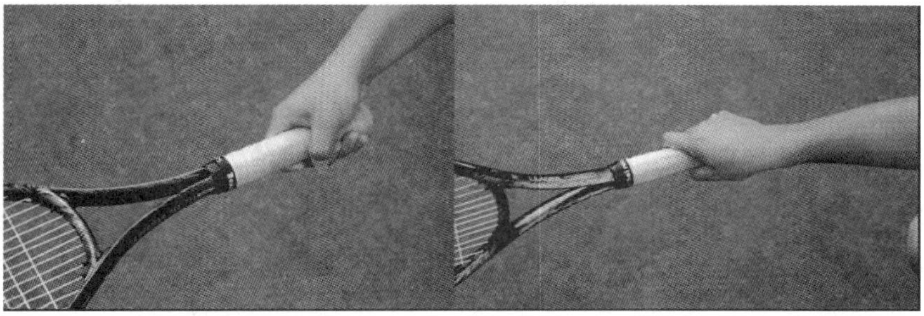

图 2-T-16　西方式握拍法

方法："V"形对准右垂直面。

步骤三：了解球的旋转与种类(如图 2-T-17)

图 2-T-17　球的旋转与种类

除平击球外，无论是正手拍或反手拍，在整个动作的过程中，若用劲打球，都会使球产生某种旋转，球的旋转方向与飞行抛物线及反弹后的方向，都有密切的关系，以下叙述欲使球旋转的动作：

正旋球(Positive spin)或称上旋球(Topspin)、高旋球(Overspin)。从球的下方往上抽，动作由低而高的往前推动，即产生正旋，球速加快，向移动方向迅速旋转，在空中急速落下，不易出界，且落地后反弹高而快，将使对手较难还击，此种打法需要腕力、臂力、腰力，充分配合，不断累积练习，方能体会其中诀窍。

反旋球(Backspin)或称下旋球(Underspin)，与正旋球相反，从球的上方往下切，动作由高而低地往前击出，球是背向飞行方向旋转，过网球速较慢，故上飘飞行距离长，入射角小所以反弹得低，原地弹起或直线落下，低空滑过地面，乃依打击强弱度，拍面角度，动作长短来定。

切击球(Chop shot) 使球拍成垂直，从上往下挥动，击打球之斜下方或正方，使球下坠的打法，通常此种打法是用在吊短球的战术。

平击球(Flat shot) 以水平方式向前推动，加以下压，为快速球击法，较难控制，容易出界。

步骤四：基本步法的使用

在所有的球类活动中，步伐是重要因素之一，尤其是手握球拍的运动，如果步伐运行正确熟练，处理来球必能得心应手，唯有稳健的步伐才有正确的打击，网球运动极具挑战性，每一球都必须靠正确的判断和敏捷的步伐来击球，正确的脚步动作可使手臂发挥击球的效果，脚步快速与正确，可保持身体的平衡并使重心转移的动作圆滑，如何在急跑，急停中，掌握时机迎击来球，是打好网球之要件，一般而言，是用碎步、滑步、快步、侧步来调整击球位置。

跨步击球步法(如图 2-T-18)

交叉步。当一次击球过后，要迅速退回场地中准备下次击球时，交叉步是最好的选择。

滑步。准备击球或击球后回位的距离较短时，多数球员都会采用滑步。

碎步。在挥拍击球前用小碎步调整可以帮助你处于最佳的击球位置。

跳步。在每次击球前，特别是进行网前截击的时候，球员应该使用分隔步。

图 2-T-18 跨步击球法

步骤五：发球技术

平击发球

平击发球技术特点：平击发球在各类发球中是球速最快的发球法，平击发球力量大，落地后弹跳低，给对方威胁最大，但同时命中率较低，多采用在第一发球。

握拍法：一般采用大陆式握拍法，有些初学者也可采用东方式正拍握法。

站位：前脚与端线约成 45°角，后脚与端线平行。如图 2-T-19 所示。

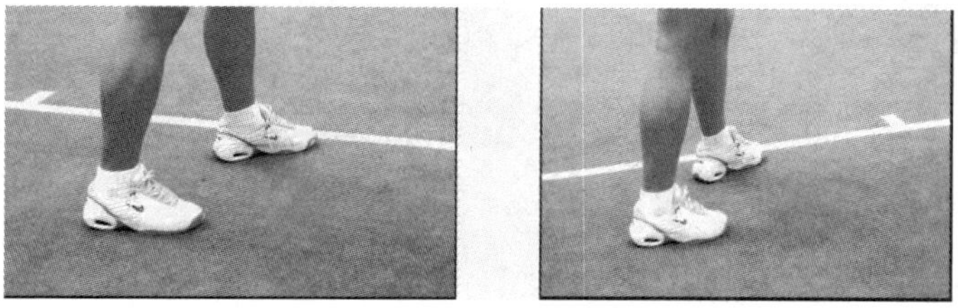

图 2-T-19 平击发球站位

持球手型：握一个球和握两个球。如图 2-T-20 所示。

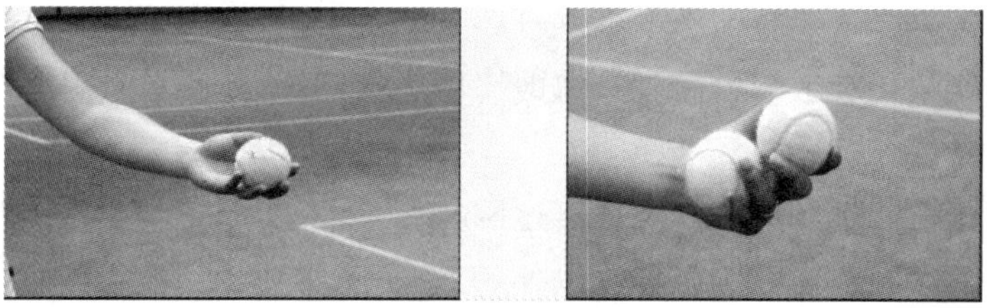

图 2-T-20 持球手型

准备姿势：两肩站立与肩同宽，侧对球网，重心在前脚，一手握拍，另一手持球并扶拍颈。

抛球：左腿向上蹬伸，同时左手竖直上抛。如图 2-T-21 所示。

抛球和后摆：左手竖向上抛，抛球同时开始后摆球拍，抛球后左手指向球。如图 2-T-22 所示。

图 2-T-21 抛球

图 2-T-22 后摆

后引:引拍结束时球拍垂于脑后成搔背姿势。如图 2-T-23 所示。

击球部位:球拍垂直击球后中上部。如图 2-T-24 所示。

图 2-T-23 后引

图 2-T-24 击球部位

步骤七:网球运动规则

胜一分

遇到下列情况时,判对方胜 1 分:

1. 发球员连续两次发球失误或脚误时。

2. 接球员在发来的球没有着地前用球拍击球,或球触及自己的身体及所穿戴的衣物时。

3. 在球第二次落地前未能还击过网时。

4. 还击球触及对方场区界线以外的地面、固定物或其他物件时。

5. 还击空中球失败时。

6. 在比赛中,击球员故意用球拍拖带或接住球,或故意用球拍触球超过一次时。

7. “活球”期间运动员的身体、球拍(不论是否握在手中)或穿戴的其他物件触及球网、网柱、单打支柱、绳或钢丝绳、中心带、网边白布或对方场区以内的场地地面。

8. 还击尚未过网的空中球(过网击球)。

9. 除握在手中(不论单手或双手)的球拍外,运动员的身体或穿戴的物体触球。

10. 抛拍击球时。

11. 比赛进行中,运动员故意改变其球拍形状。

胜一局

运动者每胜一球得 1 分,先胜 4 分者胜一局。但遇双方各得 3 分时,则为

“平分”(duece)。“平分”后，一方先得 1 分时，为“接球占先”(advantage serve)或“发球占先”(advantage)。占先后再得 1 分，才算胜一局。(其中得 1 分为 fifteen，2 分为 thirty，3 分为 forty)

胜一盘

一方先胜 6 局为胜一盘，但遇双方各得 5 局时，一方必须净胜两局才算胜一盘。

决胜局(tie break，也叫抢七局)

在每盘的局数为 6 平时，进行决胜局，先得 7 分为胜该局及该盘，若分数为 6 平时，一方须净胜 2 分。

场地和发球的选择

场地的选择及第一局中作为发球员还是接球员的权利在准备活动前由掷硬币来决定。掷币获胜的一方可以选择：

1. 在第一局比赛中作为发球员或接球员，在这种情况下应由对方选择在比赛的第一局所处的场地。

2. 比赛第一局的场地选择权，在这种情况下应由对方选择第一局作为发球员或接球员。

3. 要求对手选择场地或发球(接发球)。

发球

发球员在马上开始发球动作前应双脚站在端线后(即远离球网的一侧)，中心标志和边线的假定延长线之内。接着发球员应用手将球抛向空中的任何方向并在球触地前用球拍将球击出。在球拍与球相接触或没击中球的那一时刻，发球动作即被认为已经结束。只能使用一只手臂的运动员，可以用球拍抛送球。

交换发球

每一发球局结束后，接发球员在下一局中成为发球员，而发球员则成为接发球员。在双打比赛中，每一盘的第一局先发球的那对选手应该决定哪一名运动员先发球。同样，对手也应该在第二局前做出由谁发球的决定。第一局先发球的运动员的队友在第三局发球。第二局发球的运动员的队友在第四局发球。在这一盘后面的比赛中都按照这样的顺序来发球。

交换场地

运动员应该在每一盘中的第一局、第三局以及后面的单数局结束后交换场地。运动员也应在每盘结束后双方所得局数之和为奇数时交换场地。如果一盘结束后双方局数相加之和为偶数，则在下一盘第一局结束后再交换场地。在平局的决胜局中，运动员应在每6分后交换场地。

压线球

落在线上的球都算界内球。

活球期

自球发出时起(除失误或重发外)，至该球分胜负判定时止，为“活球”期。

失分

发生下列任何一种情况，均判失分：

1. 在球第二次着地前，未能还击过网。
2. 还击的球直接触及对方场区界线外的地面、固定物或其他物件。
3. 还击空中球失败。
4. 故意用球拍触球超过一次。
5. 运动员的身体、球拍，在活球期间触及球网。
6. 过网击球。
7. 抛拍击球。

拓展训练五：乒乓球技巧

基本因素

乒乓球技术离不开四个基本因素，那就是力量、速度、旋转和落点。

1. 力量作用于球，是通过球的前进速度和旋转强度表现出来的。如果你在进攻当中猛力扣杀，使对方接不好，那么你就要打得有力量。如果你是在加强旋转的强度，无论是制造上旋或下旋，那么你一定要用力摩擦球。

2. 为了尽量减少对方的准备时间，你必须抓紧时间，争取在最短、最快的时间内把球回击到对方的台面上，使对方措手不及，这就是速度。

3. 为了增加对方还击的难度，还可以制造各种旋转球，迫使对方回球失误后出“机会”球，这就是旋转。

4. 乒乓球台不大，要使自己打过去的球更具威力，必须要调动对方前后、左右地移动或奔跑。因此，需要讲究落点。

基本技术——手法(如图 2-T-25)

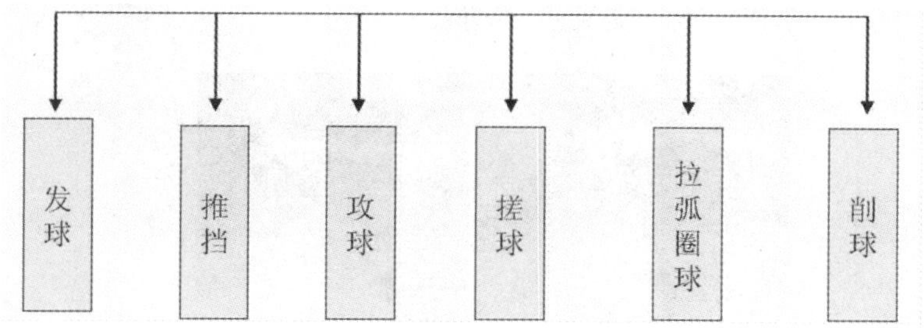

图 2-T-25 基本手法

发球

乒乓球比赛是从发球和接发球开始的,两者的好坏都能直接得分或失分,因此要重视发球和接发球技术的练习。初学者首先要掌握正手平击发球和反手平击发球。

正手平击发球

站位中近台偏右左脚稍前,身体稍右转,球向上抛起,持拍手由右后向前挥动。如图 2-T-26。其余同反手平击发球。

图 2-T-26 发球

图 2-T-27 接发球

接发球(如图 2-T-27)

接正反手平击球:正手攻球或反手加力推挡,注意在球的上升期或最高点击球的中上部。

接上旋转(奔球):正反手攻球或推挡回接,拍面适当前倾,击球的中上部,调节好向前的力量,视对方发球站位而定的接发球站位要恰当,判断来球的旋转性能、飞行弧度、落点要准确,移动回击手法要适当。

接下旋长球:用搓球、削球、提拉球回接(初学不要求),搓或削时多向前用力。

基本技术——步法(如图 2-T-28)

常用步法:单步、并步、交叉步、跨步。

图 2-T-28 步法

六大打法

- 快攻打法。
- 弧圈打法。
- 弧圈结合快攻打法。
- 快攻结合弧圈打法。
- 以削为主的削球打法。
- 削球和进攻结合的削球打法。

拓展训练六:游泳泳姿的分类

游泳姿势一般分为自由泳、蛙泳、蝶泳和仰泳。自由泳速度最快,蛙泳姿势比较优美,蝶泳爆发力最强,仰泳最省体力。

自由泳(如图 2-T-29)

澳大利亚人韦利士于 1850 年使用了一种双手在水面前移的泳姿,这可算是自由泳的雏形。而后英国泳手约翰特拉真于 1873 年采用了一种用胸游泳,腿再配合双手交替前爬的泳式,后来澳大利亚人李察卡尔又根据特拉真及亚历韦咸的泳式,创造了一种“浅打水”的踢腿方法。自此之后,腿的踢法就只有少许的变化。自由泳的完整配合有多种形式。一般常见的是每划水 2 次,打水 6 次,呼吸 1 次。

图 2-T-29 自由泳

仰泳(如图 2-T-30)

早期的背泳只是仰浮在水面上,然后再用胸泳的踢腿推进。1900 年的奥林匹克运动会,开始有泳员使用手部在水面上过头前移的泳式,踩踏式的踢腿方式,则是到 1912 年的奥运会才开始出现。

图 2-T-30 仰泳

蛙泳(如图 2-T-31)

蛙泳是一种模仿青蛙游泳动作的游泳姿势,也是一种最古老的泳姿。18 世纪中期,在欧洲,蛙泳被称为"青蛙泳"。蛙泳是竞技游泳姿势之一。人体俯卧水面,两臂在胸前对称直臂侧下屈划水,两腿对称屈伸蹬夹水,似青蛙游水。蛙泳较省力,易持久,实用价值大,常用于渔猎、泅渡、救护、水上搬运等,同时,也是游泳初学者的学习项目。而且自由泳及蝶泳也是从中发展出来的。蛙泳配合有一个顺口溜,在讲解蛙泳动作要领之前先介绍给大家:"划手腿不动，收手再收腿，先伸胳膊后蹬腿，并拢伸直漂一会儿。”从顺口溜中可以看到，手的动作先于腿的动作。一定要在收手后再收腿，伸手后再蹬腿。

图 2-T-31 蛙泳

蝶泳（如图 2-T-32）

蝶泳的划手方法是由德国泳手 Erich Rademacher 首次在 1926 年的胸泳比赛中使用，当时，他仍使用胸泳的踢腿方式。1952 年的奥林匹克运动会之后，国际业余游泳联合会（FINA）决定将此泳式与胸泳分开，因而增加了蝶泳，而且泳员还可以采用海豚式的踢腿方法。

图 2-T-32 蝶泳

回馈单

亲爱的同学：

本项目教学活动接近尾声了！不知道你学习到了多少？老师很想了解你对本环节教学活动有什么样的感受和意见，让老师可以作为下次教学活动的参考。

请就下面每个题目结合你的想法或感受，在适当的位置打钩，谢谢！

1. 我课前预习的情况是 ○很好 ○普通 ○几乎没有 ○其他____

2. 我训练的状况是 ○聚精会神 ○偶尔发呆 ○提不起劲 ○其他____

3. 项目的内容 ○很精彩 ○还不赖 ○普通啦 ○真糟糕 ○其他____

4. 项目完成的情况是 ○很好 ○普通 ○几乎没有 ○其他____

5. 我的训练效果 ○很好 ○还可以 ○很差 ○其他____

6. 本项目内容令我印象最深刻的是________________

为什么？________________

____

7. 我给自己本次项目任务表现打____分，因为我________________

8. 我想对老师说________________

____

班级：

姓名：

学号：

日期：　　年　　月　　日

项目三 保健休闲服务

Project 3

现代人越来越认识到身体健康的重要性，也越来越愿意在健康上投资，现代饭店为了满足客人健康与娱乐的需求，不断推出桑拿浴、斯帕(SPA)温泉水疗等保健休闲康乐项目。饭店保健休闲类康乐项目是指通过一定设施、设备和服务，使客人达到放松肌肉、促进血液循环、消除疲劳、恢复体力、养护皮肤等目的的活动，使客人在参与过程中得到身体与精神双重满足的养生保健活动。

项目目标

- 了解桑拿浴、温泉浴。
- 能描述桑拿浴、温泉浴中的服务程序、服务内容、服务技巧及服务注意事项。
- 能使用保健休闲服务中相关的设施设备，懂得如何维护保养。
- 能根据客人需求，为客人提供桑拿浴服务、温泉池服务咨询。
- 能按标准对桑拿室、温泉池及客用设施进行清洁及消毒。

任务一 桑拿浴服务

任务目标

- 能描述桑拿浴的常见形式。
- 能对桑拿浴服务一般程序进行操作。
- 会操作桑拿浴所涉及的主要设施设备。
- 能描述桑拿浴安全使用程序及其注意事项。
- 能描述桑拿浴室的卫生清洁规范。

任务描述

桑拿浴是一种蒸汽浴，是在温度达到 45~80℃的空房间进行沐浴的一种冲凉方式。20 世纪 70 年代传入我国，现已逐渐普及到三星级以上的饭店并成为客人消除旅途疲劳、实现健身康体的一种沐浴形式，如图 3-1-1 所示。桑拿沐浴室服务员应了解桑拿浴的基本知识，以便更好地为客人提供规范的服务。

图 3-1-1 桑拿房

任务分析

1. 能描述干蒸桑拿浴、湿蒸桑拿浴及功效。

2. 通过准备工作、迎接工作、桑拿浴服务、送客服务、结束工作五个步骤来完成桑拿浴服务的操作过程。

3.能描述桑拿浴安全使用程序及其注意事项。

任务过程

一、桑拿浴服务的一般步骤

步骤一:准备工作

1. 提前上岗,做到仪容仪表端庄、整洁、符合要求。如图 3–1–2 所示。

图 3–1–2 桑拿服务员

2. 做好清洁,物品摆放整齐。

3. 摆放相关告示牌,调试好钟表。

将营业时间、客人须知、价格表等用中英文对照形式,置于明显位置。

4. 检查桑拿设备。

检查木板有无松动和毛刺,温度计、湿度计、沙漏计时器、地秤等指示是否准确。

5. 准备客用物品和服务用具。

客用物品:毛巾、浴巾、浴袍、短裤、拖鞋、浴液、梳妆用品。

服务用品:各种表格、单据和文具放于规定位置,备齐酒吧用具、餐具、酒水及小食品。

操作说明:

1. 上岗需化淡妆。

2. 提前做好清洁卫生。

3. 清理物品,摆放物品,准备物品一定要细心。

步骤二:迎接工作

1. 面带微笑,主动问候客人。如图 3–1–3 所示。

图 3–1–3 前台接待

2. 为客人提供换鞋服务。如图 3–1–4 所示。

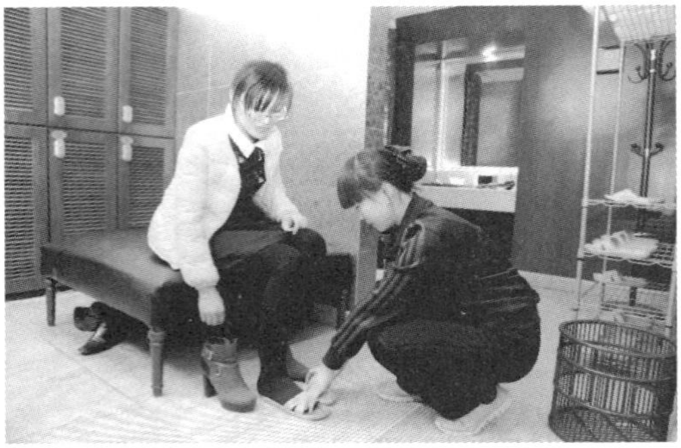

图 3–1–4 换鞋

3. 为客人递送手牌。如图 3–1–5 所示。

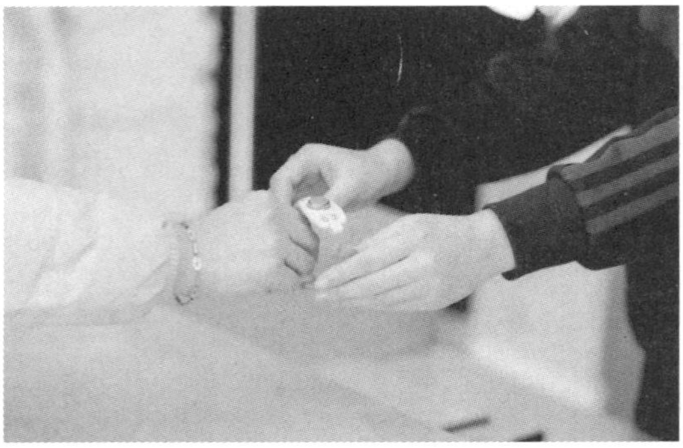

图 3–1–5 递送手牌

4. 引领客人至更衣间。如图 3–1–6 所示。

图 3–1–6 引领

5. 引领客人进入桑拿浴室。

操作说明:

1. 迎接客人应当符合康乐部服务人员的礼貌礼节要求。

2. 准确记录手牌。

3. 将客人的鞋子放入相应的鞋柜。

4. 注意引领手势,尽可能为客人带路。

5. 引领客人进入桑拿室时视情况主动向客人介绍桑拿室设施设备的性能及使用方法。

步骤三:桑拿浴服务

1. 引领客人至淋浴间洗浴。

2. 客人洗浴完毕将其引领至指定的桑拿浴室。

3. 做好每位客人进入桑拿浴室的时间记录。

4. 随时观察,注意安全。

5. 做好浴后服务。

6. 引领客人至休息室。

操作说明:

1. 注意引领姿势。

2. 进入桑拿室前提供一块毛巾供客人捂在口鼻处,以减少呼吸道的不适感。

3. 帮助客人调节好水温。

4. 向客人讲明注意事项,提醒客人注意安全。

5. 记录时间是为了防止长时间使用而引起缺氧昏厥事故的发生。

6. 客人洗浴过程中,服务员应主动递上冰毛巾。

7. 征询客人是否需要酒水服务。

8. 客人沐浴后要为其干身,并提供适当的按肩服务,协助客人穿好浴衣并引领至休息室休息。

9. 客人休息过程中,要随时注意客人的需求,及时提供必要的服务。

步骤四:送客服务

1. 帮助客人穿戴好衣帽。

2. 结账服务。

3. 回收手牌。

4. 送别宾客。

操作说明：

1. 客人离别时，服务员要主动提醒客人带好随身物品，特别是手套、围巾等小件物品。

2. 当客人示意结账时应核对其手牌，将消费项目和金额输入计算机，请客人核对。

3. 询问客人结账方式，快速准确为客人办理。

4. 如果客人要求挂账，应请客人出示其房卡并与前台收银员联系，待确认后请宾客核对账单签字。服务员要认真审核宾客笔迹，如前台收银处未对宾客资料进行确认或认定笔迹不一致时，服务员须请宾客以现金支付。

5. 根据手牌为客人换回鞋子。

6. 送客人至门口并礼貌地向客人道别。

步骤五：结束工作

做好收尾工作。

操作说明：

1. 及时对桑拿室进行冲刷和消毒，整理好桌椅。

2. 将客人使用过的布类物品点清数量送交洗衣房。

二、桑拿浴及功效

（一）桑拿浴类型

1. 干蒸桑拿浴。又称芬兰浴，浴室内温度升高至45~100℃，不加水，身体水分被大量蒸发，达到充分排泄作用。如图3–1–7所示。

2. 湿蒸桑拿浴。又称土耳其浴，在温度很高的室内不断增加湿度，又热又闷，达到充分排泄体内垃圾的目的。如图3–1–8所示。

图3–1–7　干蒸桑拿浴

图3–1–8　湿蒸桑拿浴

两者区别:原理一样,不同之处是设施设备各异。

3. 其他——再生浴、冲浪浴、光波浴

(1)再生浴

由于桑拿浴、蒸汽浴都是高温洗浴方式,客人难以长期坚持,不能达到理想的健身效果,后来出现了浴室温度和湿度低于桑拿浴、蒸汽浴的再生浴,再生浴室有防蒸汽的墙灯,棚顶还配有自动香精喷雾器和自动清洗器。

(2)冲浪浴

冲浪浴是在特殊设计的水力按摩浴缸、按摩池中进行洗浴的方式。按摩浴缸根据人的体型特征设计,针对人体的背部、尾骨、神经中枢及其他穴位,装置特殊喷嘴,汇集空气及水流,产生大量回旋式气泡和漩涡式动力冲击人体的各个穴位,刺激皮肤毛孔,进行水力按摩。它可使人的心脏得到适当的运动,既加强其承受压力的能力,又可促进人体血液循环,加速新陈代谢,并可治疗因剧烈运动所引起的肌肉疼痛或关节疼痛。

(3)光波浴

光波浴是利用红外线发生器发出的红外线照射人体,与人体内的红外线发生共振,产生内热,使人体在40~60℃的洁净环境内大量出汗,从而达到消除疲劳和恢复体力的功效。光波浴又称红外线桑拿浴,与传统桑拿浴的区别在于:浴者没有置身于高温、高湿的环境中,因此,不会产生胸闷、心慌、头晕等感觉。

知识链接:干蒸与湿蒸的区别

桑拿房包括干蒸房和湿蒸房,人们平时说的桑拿房是干蒸房,蒸
湿蒸房。干蒸房是通过对桑拿房的不断研究和改进,在桑拿房的基
最新纳米技术将电气石和远红外配置在桑拿房内,增加桑拿房的

干蒸:利用电加热设备——桑拿炉把电能直接加热后会
温度升高而让人排汗。干蒸的温度较湿蒸高,可达到100℃
水分,尤其适合有风湿病的患者,同时没有蒸汽的味道
服,不过蒸完皮肤会比较干燥,所以得补充水分。

湿蒸:把水烧开使之产生蒸汽,再通过管道喷
分。温度一般控制在50℃左右,女士们大多会
较之前红润、水灵。

(二)桑拿浴的功效

改善血液循环，解除疲劳，排毒养颜，改善睡眠，治疗疾病，还可减肥。

1. 由于蒸桑拿的过程中皮肤的毛细血管明显扩张，大量出汗，血液循环得到很大的改善。

2. 可以降低压力，彻底放松疲劳、紧张的肌肉和神经。

3. 80℃左右的高温可帮助汗液排泄，杀死皮肤表面的细菌，更有助于排出体内的废物、毒素，使皮肤里各种组织获得更多的营养。

4. 充分改善人体微循环，促进新陈代谢。

5. 可以使你的肌肤非常柔软，肤质更光滑、美丽。

6. 可燃烧多余的脂肪，令爱美的女士达到减肥的效果。

7. 蒸过桑拿浴后，能有效地改善睡眠，可以使人很快地进入梦乡。

8. 桑拿兼有治疗疾病的作用。它通过接连几次的冷热交替缓解疼痛，松关节。

9. 桑拿浴针对许多皮肤病诸如鱼鳞病、银屑病、皮肤瘙痒症等都有不同的治疗作用。

室设施设备

如图 3-1-9 所示。

山石。如图

图 3-1-9 桑拿房

1 木桶、木勺

四、洗桑拿浴注意事项

有下列情况者不宜洗桑拿浴：

1. 有高血压、脑溢血、心脏病病史的患者。

2. 饭后，特别是饱餐半小时内。

3. 过度劳累，饮酒过量或饥饿时。

4. 患有传染性皮肤病者。

5. 经期中的妇女。

知识链接：

桑拿浴的起源

"桑拿"是芬兰语，这样的称呼恐怕与桑拿的起源有关。芬兰是桑拿浴的发源地，这个令人舒筋活络的风俗，最早起源于芬兰的乌戈尔族。"桑拿"的原意是指"一个没有窗子的小木屋"，最初的小木屋，不仅没有窗户，甚至连烟囱也没有，浓烟把屋子熏得油黑，因而，那时的桑拿就叫"烟桑拿"。后来，一些富有革新精神的人安装了烟囱，桑拿从此也就有了新颜面。不过，芬兰的一些地方仍然保留了"烟桑拿"，但享受一次，却要很多钱，而且很费时间，因为"烟桑拿"要熏上七八个小时才能真正达到效果。

其实，早些时候的桑拿并不完全是洗浴、取暖、消遣之所，它还有许多其他重要的功能，如用桑拿房烘亚麻、熏肉、烤肉，准备酿酒的麦芽等。桑拿房甚至还是当时芬兰妇女分娩的地方，因为人们认为那里最卫生、最洁净，还认为蒸汽可以减轻分娩的痛苦。芬兰人从呱呱落地，整个一生都离不开桑拿。芬兰全国总人口约540万，而全国各地各种形式的桑拿设施不少于200万，也就是说平均每2个多人就有一个桑拿房。对于这一点，没有到过芬兰的人，也许难以想象。而到了芬兰，就会真正理解"有人活动的地方就有桑拿"这句话了。所以世界桑拿锦标赛把比赛场地设在了芬兰。

洗芬兰浴是芬兰人的基本生活内容，几乎每个家庭和单位都有芬兰浴室，周末家人团圆，平时朋友相聚，通常最佳方式之一就是洗芬兰浴。蒸浴的温度控制在80℃左右为宜，也可在大热之后再大冷，冷热交替，使奔波紧张的疲劳顿时消失了，全身心觉得舒坦、惬意、畅快。在芬兰，洗桑拿并非奢侈的高级享受，更不是财产或地位的象征。首先，没有桑拿的家庭住宅是极少见的，无论是在独门独院的私人住宅，还是在租来的公寓，没有桑拿设备是不会有人居住的。即使没有自家专用的单独桑拿室，也必须有公用的桑拿室；没有完备的全套桑拿设施，也一定要有简单的、小型的桑拿浴室。

芬兰的赫尔辛基机场的候机楼里有个小型旅馆，那里之所以受过境旅客的欢迎，是因为不少人就是想利用候机的一点时间，享受一下桑拿。芬兰人洗完芬兰浴后，亲朋好友随即喝着冰啤酒，吃着烤香肠，谈天说地，不亦乐乎。旅游途中，人们在相互的思想交流中消闲时光，享受人生的无限乐趣。

北欧由于气候严寒，人们常年不出汗，于是为了设法出汗就采用了桑拿浴这种使人大汗淋漓的方法，并在此基础上使桑拿浴的设备和洗浴方式不断得以改进，特别是随着科学技术的发展，北欧人将先进的科技运用于桑拿浴设备，从而使桑拿浴达到现代化水准。桑拿浴从浴室环境和出汗方式又可分为干与湿两种。

干桑拿浴从芬兰传入中国，因而称为芬兰浴，湿桑拿浴从土耳其传入我国，因而亦称为土耳其浴。其实，古代中国曾出现过类似桑拿的活动，据1996年8月1日《中国日报》署名文章称，早在中国的春秋时代，赵国国王曾下令将成千块烧红的大铁块投入水池之中，产生大量的蒸汽，然后他率领众妻妾在蒸汽池中嬉戏。文中还说，忽必烈还没有称帝之前，在一次征战中，由于过度劳累晕倒在战场。它的手下把一块大石头烧得通红，然后往石头上泼水，后把这个冒着热气的石头抬到忽必烈的身旁，据说这样可以促进血液流通，后来，他沉沉地睡了一觉，第二天又挥戈上马了。

洗桑拿浴的步骤

通常在洗桑拿浴前，应先冲一个温水淋浴，因为当身体表面有水分时，在桑拿浴室内会比较舒服。桑拿浴室内的温度通常为70~100℃，最佳湿度是每克空气中的水蒸气含量为40~70g。另外，桑拿室内还必须保持必要的空气
室内的温度都要靠向炉上石头泼水的次数来调节。在室内时间则视个
能力而定，适合的热度会令皮肤的毛孔扩张而大量出汗，出汗后应再
水浴或冰水浴。

凉水或冰水的刺激，毛孔立刻收缩，毛孔中的污垢会立刻排出去。
桑拿浴室内，通常第二次进入桑拿浴室，在短时间内就会大量
冲冰水浴。使用公共桑拿时应当备有经过消毒的布巾或纸
桑拿浴后应当有足够的时间休息，或躺或坐，悠闲自在，
料那是非常惬意的。但是一定要牢记，浴前不宜吃得过

一般人会以为从炙热的桑拿浴跳到冰水中会很难受，但你大可放心，因为在那时候，你的身体比较容易接纳冰水，因而感到十分舒畅。东方人大多数喜欢湿度较高的桑拿，当你感觉过分干燥及炙热时，呼吸会比较困难，可把水洒在炙热的石头上，从而制造大量蒸汽，使空气潮湿。

桑拿浴世锦赛

芬兰人酷爱桑拿浴。对芬兰人来说，桑拿浴就像空气和面包那样，是生活中不可缺少的重要组成部分。在这个只有540万左右人口的国家共有不少于200万个大大小小的桑拿浴室，每个芬兰人几乎从婴儿时期就依偎在母亲的怀里开始接受桑拿浴的熏蒸和洗礼。但在芬兰举行独特的国际桑拿浴比赛则有一段有趣的故事。早在1999年，一群酷爱桑拿浴的芬兰男子在黑诺拉市游泳馆的桑拿浴室中举行非正式的比赛，看谁在桑拿浴室中坚持的时间最长。黑诺拉市由此萌发了在当地举行国际桑拿浴比赛的想法，并于1999年将其付诸实施，在该市举行首届国际桑拿浴比赛。来自芬兰各地以及瑞典、荷兰和德国的桑拿浴爱好者参加了首届比赛。此后，国际桑拿浴比赛每年在黑诺拉市举行一次，受到世界各国桑拿浴爱好者的欢迎和积极参与。

芬兰南部城市黑诺拉用3~4日举行了第九届国际蒸桑拿比赛，谁能在高达110℃的桑拿浴室里坐上最长的时间，并在没有人帮助的情况下从里面走出来，就是最后的冠军。

这次有来自16个国家，总共80位挑战者参赛，比赛分男女两组，参赛者被关在110℃的桑拿浴室里，比赛谁撑得久。除了在“烤箱”熬时间之外，组织者还要求参赛者必须保持坐姿笔直，而且如果在比赛中向场外的人求助，则会立即丧失参赛资格。比赛不到10分钟，许多人带着满身汗水逃出“烤箱”，结束“自虐行为”。比赛到了最后关头，女子组剩下两人苦撑，最后白俄罗斯的参赛者被人架走，芬兰的库琳就以10分31秒的成绩连续第二年蝉联“蒸桑拿女王”的宝座。经过一番痛苦的煎熬后，男子组冠军也顺利出炉，同样来自芬兰的提莫以12分26秒的成绩称王。爱洗桑拿浴的芬兰人，耐热力果然很棒，自1999年创立比赛开办至今，外国人几乎难以赢得冠军。

任务实施

训练要求：

1. 将班级学生分成小组，每组又分 A、B 两小组，每组选一位组长。

2. A、B 两组分别扮成服务员或洗浴客人（角色可互换），完成桑拿浴服务中的准备工作、迎接工作、桑拿浴服务、送客服务、结束工作以及洗桑拿的注意事项等环节的演练。

3. 训练可在教室、模拟实训室进行。

4. 每组同学在训练过程中一定要认真，特别要注意操作过程的规范性。

活动一：学生进行桑拿浴服务训练

表 3-1-1 学生训练桑拿浴服务活动记录表

序号	项目任务	问题思考	完成情况记录
	桑拿浴服务	(1)桑拿浴有哪些类型？ (2)桑拿浴服务的一般步骤有哪些？ (3)洗桑拿浴有哪些注意事项？	

活动二：以小组为单位模拟演练桑拿浴服务中的“迎接工作”“送客服务”

表 3-1-2 学生训练桑拿浴迎送服务活动记录表

	任务	内容	完成情况记录
	接工作	(1)微笑，主动问候 (2)提供换鞋服务 (3)递送手牌 (4)指示更衣室位置 (5)引领客人进入桑拿室	
		(1)帮助客人穿戴好衣帽，提醒客人带好随身物品 (2)结账：核对手牌，询问结账方式，核对账单 收手牌、换鞋 客人至门口礼貌道别	

活动三：以小组为单位模拟演练桑拿区服务

表 3-1-3 学生模拟桑拿区服务记录表

序号	内容	要领	完成情况记录
1	引领客人先沐浴后洗桑拿浴	(1)引领姿态 (2)提供冰毛巾 (3)主动询问 (4)调好水温	
2	接待干蒸客人	征得客人同意后做示范	
3	客人洗浴	(1)做好时间记录 (2)随时观察 (3)主动递上冰毛巾 (4)征询客人是否需要酒水服务	
4	浴后服务	(1)为客人干身 (2)提供适当的按肩服务 (3)协助客人穿好浴衣 (4)引领客人至休息室 (5)提供必要服务	

活动四：如何接待前来洗桑拿浴的高血压患者和皮肤病患者？各小组模拟演练，小组与小组进行评比

任务评价

表 3-1-4 桑拿浴服务技能评价表

序号	内容	技能	评判结果			
			优	良	合格	不合格
1	准备工作	(1)整理好自己的仪容仪表 (2)做好清洁，物品摆放整齐 (3)摆放相关告示牌，调试好钟表 (4)检查桑拿设备 (5)准备客用物品和服务用具				
2	迎接宾客	(1)微笑，主动问候 (2)提供换鞋服务，递送手牌 (3)指示更衣室位置 (4)引领客人进入桑拿室				

续表

序号	内容	技能	评判结果			
			优	良	合格	不合格
3	桑拿服务	(1)引领客人至淋浴间——桑拿浴室 (2)提供冰毛巾,主动询问,调好水温 (3)征得客人同意后做示范 (4)做好时间记录,随时观察 (5)主动递上冰毛巾,征询客人是否需要酒水服务 (6)为客人干身,提供适当的按肩服务 (7)协助客人穿好浴衣 (8)引领客人至休息室,提供必要服务				
4	送客服务	(1)帮助客人穿戴好衣帽,提醒客人带好随身物品 (2)结账 (3)核对手牌、询问结账方式、核对账单 (4)回收手牌、换鞋 (5)送客人至门口礼貌道别				
5	结束工作	(1)及时冲刷和消毒桑拿室,整理好桌椅 (2)清点毛巾数量送交洗衣房				

任务二 温泉浴服务

任务目标

- 能描述温泉知识。
- 能对斯帕(SPA)温泉水疗服务类型进行分类。
- 会操作斯帕(SPA)温泉水疗服务程序。
- 能描述泡斯帕(SPA)温泉的正确方法和注意事项。

图 3-2-1 温泉浴

任务描述

洗温泉浴已成为一种时尚。温泉水有保健的美誉,也被称作医疗矿泉水。如图 3-2-1 所示。比体温略高的温泉水,不仅能够促进血液循环,舒活筋骨,还能令肌肉松弛,减少关节炎病人的关节紧绷感,有助于缓解病情。温泉浴服务员应掌握温泉浴的基本知识和服务标准,以便更好地为客人提供规范的服务。

任务分析

1. 掌握温泉基本知识和温泉浴服务的一般步骤。
2. 服务员通过准备工作、迎接工作、温泉浴服务、送客服务、结束工作五个步骤来完成温泉浴服务。
3. 掌握洗温泉浴注意事项以保证客人的安全。

图 3-2-2 温泉浴服务

任务过程

一、温泉浴服务步骤

步骤一:准备工作

1. 仪容仪表端庄、整洁,符合要求。
2. 做好清洁卫生,清理温泉池边的瓷砖、按摩池、淋浴间,用消毒液按1:200兑水后对池边躺椅、座椅、圆桌、更衣室长椅等进行消毒。
3. 准备客用品:毛巾、浴巾、梳妆用品。
4. 准备服务用品:各种表格、单据和文具放于规定位置,备齐酒吧用具、餐具、酒水及小食品。

操作说明:

1. 上岗需化淡妆。
2. 清洁卫生要提前做好。
3. 清理物品,摆放物品,准备物品一定要细心。

步骤二:迎接工作

1. 面带微笑,主动问候客人。
2. 为客人提供换鞋服务。
3. 为客人递送手牌。
4. 引领客人至更衣间。
5. 引领客人进入温泉池。

操作说明:

1. 迎接客人应当符合康乐部服务人员的礼貌礼节要求。
2. 准确记录手牌。
3. 将客人的鞋子放入相应的鞋柜。
4. 注意引领手势,尽可能为其带路。

步骤三:温泉浴服务

1. 温泉服务。
2. 浴后服务。
3. 休息室服务。

操作说明：

1. 整理浴池边用过的浴巾，准备干毛巾。
2. 救生员密切注视水面，发现异常，立即施救。
3. 适时提供饮料和小食品。
4. 更衣室服务员要帮助客人擦干身体，送上浴服。
5. 请客人进入休息大厅或包间休息。
6. 引导客人就座，为其盖上毛巾，递上棉签、纸巾，调好电视节目。
7. 询问客人是否需要酒水和小食品。
8. 主动介绍其他配套服务，为其安排技师。
9. 记录好手牌号，并请客人签字，将记录单及时传到前台。

步骤四：送客服务

1. 帮助客人穿戴好衣帽。
2. 结账服务。
3. 回收手牌。
4. 送别宾客。

操作说明：

1. 客人离别时，服务员要主动提醒客人带好随身物品，特别是手套、围巾等小件物品。
2. 当客人示意结账时应核对其手牌，将消费项目和金额输入计算机，请客人核对。
3. 询问客人结账方式，快速准确地为客人办理。
4. 如果客人要求挂账，应请客人出示其房卡并与前台收银员联系，待确认后请宾客核对账单签字。服务员要认真审核宾客笔迹，如前台收银处未对宾客资料进行确认或认定笔迹不一致时，服务员要请宾客以现金支付。
5. 根据手牌为客人换回鞋子。
6. 送客人至门口并礼貌地向客人道别。

步骤五：结束工作

1. 收尾工作。
2. 保养工作。

操作说明：

1. 将所有物品放到指定地点。
2. 清点毛巾、浴巾数量送交洗衣房。
3. 清点吧台酒水、小食品，做好报表。
4. 核对钥匙、手牌，登记在交接班记录簿上。
5. 清洁整理温泉浴室，进行池水净化和消毒。
6. 检查安全后，关闭电源，锁好门窗。

二、洗温泉浴的正确方法和注意事项

正确方法：洗净身体，冷热交替，瀑布浴，半身浴，反复浸泡（浸泡 15 分钟，起身 5 分钟，再浸泡 15 分钟，反复 2~3 次，且泡温泉 1 小时内不进食，持之以恒，会起到瘦身的效果）。

有下列情况不宜泡温泉：

1. 情绪过于兴奋，心跳变快的时候。
2. 刚吃饱饭或喝完酒。
3. 非常疲惫；腹中饥饿。
4. 睡眠不足或熬夜后。
5. 有心脏病、高血压及动脉硬化者。
6. 有癌症、白血病的人。
7. 女生生理期前后，怀孕初期和末期。
8. 不要在温度较高的池里泡太久。

知识链接：

秋冬季节是最适合泡温泉的，脱去臃肿的衣着，穿上轻盈的泳衣，跳进温泉，所有的毛孔都被热气熏开，那份舒畅的感觉无与伦比，仿佛所有的尘嚣都一洗而尽了。对于冬季喜欢泡温泉的朋友，多了解点有关泡温泉的知识，有助于达到治疗、康复、保健的目的。

温泉是一种由地下自然涌出的泉水，其水温高于该地环境年平均温 5℃，或 10℉ 以上。在学术上，温泉的学术定义中把涌出地表的泉水温度高于当地的地下水温者，即可称为温泉。在地下很深的地方，有温度很高的岩浆，地下的水从那里经过时，就被烤得很热，于是便变成了热水。这些热水从地下冒出来，就是我们见到的温泉，所以温泉的水也就是热的了。

温泉的分类方式有许多种，常见的分类方法可按化学组成、地质、物理性质、温度来加以分类。依化学组成分类温泉中主要的成分包含氯离子、碳酸根离子、硫酸根离子，依这三种阴离子所占的比例可分为氯化物泉、碳酸氢盐泉、硫酸盐泉。除了这三种阴离子之外，也有以其他成分为主的温泉，例如重曹泉(以重碳酸钠为主)、重碳酸土类泉、食盐泉(以氯化钠离子为主)、氯化土盐泉、芒硝泉(硫酸钠离子为主)、石膏泉(以硫酸钙为主)、正苦味泉(以硫酸镁为主)、含铁泉(白磺泉)、含铜、铁泉(又称青铜泉)。其中食盐泉也称盐泉，可依含氯化物食盐的多寡，区分为弱食盐泉和强食盐泉。以产生温泉的地质特性分类，可将温泉分类为火成岩区温泉、变质岩区温泉、沉积岩区温泉。根据温泉的温度、活动、形态等物理性质分类，可将温泉分为普通温泉、间歇温泉、沸泉、喷泉、喷气孔(或硫气孔)、热泥泉六类。依温泉流出地表时与当地地表温度差分类，可分为低温温泉、中温温泉、高温温泉、沸腾温泉四种。形成温泉必须具备地底有热源存在，岩层中有裂隙让温泉涌出，地层中有储存热水的空间三个条件。

在水文地质学中说："地下水的天然露头，当泉水含有特殊的化学成分或高于常温时，称矿泉、温泉或热泉。"

在《现代中国旅游地理》中，称温泉是："一般把水温高于人的皮肤温度(约 34℃)的泉水统称为温泉；低于这个指标的称为冷泉；高于人体体温(37℃)的又称为热泉、高温泉或沸泉。"

在《中国旅游经济地理》中，把温泉归类在"矿泉旅游疗养风景资源"中，并根据泉水温度高低分为："普通泉(水温在 25℃以下)，微温泉(水温在 25~33℃之间)，温泉(34~37℃)，热泉(38~42℃)，高热泉(43~99℃)，沸泉(100℃以上)。"从上可见，它把水温在 34~37℃的泉，定义为温泉。

三、温泉知识

(一)温泉——地底下涌出的天然热水。如图 3-2-3 所示。

图 3-2-3 温泉

1. 形成的原因——岩浆在地壳内部冷却后而形成的水蒸气与气体，加上湿度的变化产生的温热水，一般为20~25℃。
2. 温泉类型——碳酸泉、硫磺泉、硫酸盐泉、明矾泉、铁泉、食盐泉、酸性泉、单纯泉(按成分划分)。
3. 全国著名温泉——华清池(陕西临潼)、小汤山(北京)、五大连池(黑龙江)、重庆柏联SPA(重庆)如图3-2-4，图3-2-5，图3-2-6，图3-2-7所示。
4. 重庆温泉特点——重庆温泉资源地域分布广阔，温泉地热可采水量约5.6亿立方米/年，在主城核心区及“一小时经济圈”内，有着广泛而丰富的温泉资源分布，几乎每个区县都可开发出温泉。

图 3-2-4 华清池

图 3-2-5 小汤山

图 3-2-6 五大连池

图 3-2-7 重庆柏联 SPA

知识链接：我国天然温泉分布

我国幅员辽阔，地下温泉资源十分丰富，著名的温泉都已建成了风景优美的旅游度假区和疗养院，让人充分享受大自然的慷慨赐予。

1. 华清池

在陕西临潼的骊山西北麓，是我国历史悠久的著名温泉之一。唐贞观十八年(公元 644 年)在此建汤泉宫，天宝六载(公元 747 年)改名华清宫。唐玄宗每年携杨贵妃到此过冬，常在温泉中沐浴。白居易《长恨歌》中的“春寒赐浴华清池，温泉水滑洗凝脂”，即指此泉。华清池温泉水温 43℃，水中含有多种化学成分，适宜沐浴疗养。现按原遗址的名称建有莲花汤、海棠汤、龙吟榭、日华门、月华门、九龙汤、石舫、飞霞阁、杨妃池、飞虹桥、棋亭等，成为一处集园林与温泉于一体的风景点。

2. 长白山温泉

在吉林白头山天池北侧，有分布面积达一千多平方米的温泉群。泉口集中，常年热气腾腾，云雾弥漫。诸泉水温不等，最高达 82℃，泉温四季不变。泉水中含硫化氢，具有较高的医疗价值。现建成浴池，供游览者沐浴。

3. 汤山温泉

位于江苏南京市东麒麟门外，距城约 30 千米，海拔 333 米。山东南有汤涧，发源于汤泉，故称汤山。因北京也有汤山，又称南汤山。汤泉共有 6 穴，平均水温 44℃，最高 60℃。泉水洁净，无色透明，水内含有硫黄、钾、钙等矿物质，可治皮肤病。相传唐代名画家韩滉女儿有“恶疾”，长期医治无效，后到汤泉沐浴竟愈。后韩滉在汤山建圣汤延禅寺。从此汤山更加有名。

4. 半汤温泉

在安徽巢县城东半汤镇。温泉由水温相差较大的热泉和冷泉两水汇合而成，故名半汤。此处温泉泉眼有 48 处。昼夜出水约 3 000 吨，水温 50℃以上，水中含氡气等 30 余种活性元素，可治疗多种疾病。今建有多所疗养院。

5. 承天温泉

在浙江泰顺县雅阳承天的火热溪旁，表露水温 59℃，是浙江省温度最高、最有医疗实用价值的温泉。属于低矿度、高温、氟化物、氡水矿泉，对不少疾病有较好疗效。周围环境幽美，空气清新，是游览和疗养的胜地。

6. 从化温泉

在广东从化县西北。经过多年的开发和修葺，温泉区已成为面积 10 余平方千米的游览区。四面山峦重叠，流溪河蜿蜒经过，碧浪桥横跨河之两岸，雅致的楼宇、小亭、曲廊，参差错落在翠绿丛中。共有温泉 10 多处，水温最高为 70℃。泉水较一般水轻软，内含钙、镁、钾、钠、二氧化钠等矿物质，无色无味，对关节炎、神经衰弱、慢性肠胃炎等有一定疗效。温泉区气候宜人，环境清幽，是旅游和疗养好去处。

7. 息烽温泉

在贵州息烽县天台寺山下。四周山峦起伏，中为峡谷丘陵。从山上飞泻而下的两道溪水迂回曲折汇成小河，著名的温泉疗养院就坐落在沿河两岸。七八个泉眼，终年流水汤汤，热气腾腾。泉水恒温 54~56℃。无色，无味，透明，含有钙、镁、钠、钾等 10 多种元素，可饮用及治疗多种疾病。疗养院四周林木郁郁，怪石嶙峋，风光秀丽。附近又有天台丛林、豸角凌云、白石涌泉、慈云生佛等诸名胜，可供登临赏览。

8. 重庆柏联 SPA 温泉

亚洲第一温泉品牌，位于历史悠久的重庆北温泉，南依缙云山，北毗嘉陵江，与一千六百年的温泉古寺相伴，暮鼓晨钟，环境清幽，禅意浓浓。专业独创的 SPA 理疗，心神合一的养生瑜伽，清静和雅的柏联茶道，是让人释放压力、调理身心的温泉度假天堂。

9. 北投温泉

在宝岛台湾台北市北郊，水温达 90℃，属硫黄泉。清光绪十九年（公元 1893年）发现温泉后，旅游业渐兴。观光公路自此向东北深入大屯火山区以抵北部海岸，沿途多温泉、瀑布、硫气孔和硫黄产地。它与阳明山风景区组成了台湾省北部最大的游览区。

对于喜欢泡温泉的人来说，去那些风景如画的温泉区固然惬意畅快，但受时间、距离的限制，往往不可能经常长途跋涉前往享受。日本已有温泉汤粉上市，只要将粉末加入热水中，便可尽情享受家中的温泉浴了。它使人摆脱了时间、空间的限制，且对治疗皮肤病多有助益。对于温泉浴爱好者来说，真是一大福音。

（二）温泉水疗服务类型——中药沐浴，鲜花沐浴，香汤沐浴。

1. 中药沐浴（如图 3-2-8 所示）

一般是根据中医理论知识和不同的中药性能，将某些中药进行精心配制之后，煎熬成一定比例的浓缩药液，在有效期内，投放于一定比例的温泉水中。客人可根据自己需求，选择不同的药疗效果，在温泉里浸泡 30~50 分钟，可达到治疗疾病，预防疾病或保健养生的目的。

2. 鲜花沐浴（如图 3-2-9 所示）

用于美容保健，是借洗浴时浴水对身体局部的刺激作用和鲜花药力作用，使腠理疏通，气血流畅，从而达到美颜悦色的目的。

鲜花沐浴特别受女性客人的欢迎，其原因是鲜花沐浴有以下功能：

营造烂漫温馨的沐浴气氛。

让女性客人的身体与精神进入到一个如梦如幻的境界。

能改善肌肤，达到美容美体的目的。

3. 香汤沐浴（如图 3-2-10 所示）

就是在调进各种芬芳药料的温泉水中沐浴。它是一种传统习俗，尤其受到宫廷皇室和道教人士的钟爱。在香汤沐浴"内以净心，外以净身"的作用下，人的神气自然清朗，有利于养生修炼。

沐浴香汤常用五种香料，即白芷、桃皮、柏叶、零陵香、青木香五种香药或香料。香汤要按照一定的配量和火候以及特殊的水、澡豆、蜜汤等加制而成。

图 3-2-8 中药沐浴　图 3-2-9 鲜花沐浴　图 3-2-10 香汤沐浴

任务实施

训练要求：

1. 将班级学生分成小组，每组又分 A、B 两小组，每组选一位组长。
2. A、B 两组分别扮成服务员或洗浴客人（角色可互换），完成温泉浴服务中的准备工作、迎接工作、温泉浴服务、送客服务、结束工作以及温泉浴的注意事项等环节的演练。
3. 训练可在教室、模拟实训室进行。
4. 每组同学在训练过程中一定要认真，特别要注意操作过程的规范性。

活动一：学生完成温泉浴服务训练

表 3-2-1 学生完成温泉浴服务训练记录表

序号	内容	问题思考	完成情况记录
1	温泉知识	(1)温泉类型有哪些？ (2)全国有哪些著名温泉？ (3)温泉水疗服务有哪些类型？	
2	温泉浴服务步骤	温泉浴服务有哪些步骤？	

活动二：学生分小组模拟温泉浴服务中准备工作环节

表 3-2-2 学生模拟“准备工作”活动记录表

序号	实训项目	内容	完成情况记录
1	仪容仪表	化淡妆：端庄整洁	
2	清洁工作	(1)用消毒液消毒 (2)擦拭桌椅	
3	准备客用品	准备毛巾、浴巾、梳妆用品	
4	准备服务用品	(1)准备表格、单据、文具 (2)准备酒吧用具、酒水、酒具、餐具 (3)准备小食品	

活动三：分小组模拟温泉浴服务的整个流程

任务评价

表 3-2-3 温泉浴服务流程评价表

序号	内容	技能标准	评判结果			
			优	良	合格	不合格
1	准备工作	(1)整理好自己的仪容仪表 (2)做好清洁 (3)准备客用物品 (4)准备服务用品				
2	迎接工作	(1)微笑，主动问候 (2)提供换鞋服务，递送手牌 (3)指示更衣室位置 (4)引领客人进入温泉池				

续表

序号	内容	技能标准	评判结果			
			优	良	合格	不合格
3	温泉浴服务	(1)温泉浴服务 (2)浴后服务 (3)休息室服务				
4	送客服务	(1)帮助客人穿戴好衣帽 (2)结账服务 (3)回收手牌 (4)送别宾客				
5	结束工作	(1)收尾工作 (2)保养工作				

项目评价

一、自我评价

请填写“饭店康乐保健休闲”项目能力自我评价表，如表 3-P-1 所示。

表 3-P-1 “饭店康乐保健休闲”项目能力自我评价表

主要内容		全部做到	大部分做到	基本做到	没做到
桑拿浴服务					
温泉浴服务					
自我评价	我的优势				
	我的不足				
	我努力的目标				
	我的具体措施				

注：自我评价等级在符合的情况下面画“√”。

二、小组评价

请填写“饭店康乐保健休闲”项目能力小组评价表，如表 3-P-2 所示。

表 3-P-2 “饭店康乐保健休闲”项目能力小组评价表

主要内容	全部做到	大部分做到	基本做到	没做到
桑拿浴服务				
温泉浴服务				
建议： 组长签字： 年 月 日				

三、教师评价

请教师填写“饭店康乐保健休闲”能力教师评价表，如表 3-P-3 所示。

表 3-P-3 “饭店康乐休闲保健”能力教师评价表

评价等级	评价标准	评价结果
优秀	(1)能够很好地掌握饭店康乐保健休闲项目的服务规范和流程 (2)小组活动中积极主动，协作性强	
良好	(1)较好地掌握饭店康乐保健休闲项目的服务规范和流程 (2)小组活动中比较积极主动，协作性较强	
合格	(1)基本掌握饭店康乐保健休闲项目的服务规范和流程 (2)小组活动中比较积极主动，协作性较强	

拓展训练

拓展训练一：重庆温泉介绍

重庆温泉是一个世界级的旅游资源，世界上只有被誉为“温泉之都”的匈牙利首都布达佩斯的温泉量可以和重庆相提并论。重庆的温泉开发历来已久。依托丰厚的温泉自然资源，2005 年重庆市委市政府提出了把重庆打造成“温泉之都”的战略决策，使温泉成为重庆的四张“城市名片”之一。

2005 年 12 月 11 日，“重庆市首届温泉旅游节” 在九龙坡区天赐温泉隆重开幕，当天就吸引了 5 万多市民前往天赐泡浴温泉。因此就市场容量而言，重庆的温泉市场必然有一个相当大的提升空间，市场前景看好。

温泉承载了多层文化底蕴。重庆老牌的温泉包括：重庆南温泉、北温泉、东温泉（简称南泉、北泉、东泉），新开发的温泉包括：重庆统景温泉、天赐温泉、融汇温泉等，最新的重庆温泉品牌是：香海温泉、悦榕庄等。

1. 重庆柏联 SPA 温泉

重庆柏联 SPA 温泉位于具有 1 600 年历史的北温泉内，临嘉陵江而建，是具有国际水准的 SPA 温泉、旅游度假胜地，倡导一种全新的 SPA 文化和养生方式，建筑与自然协调，人与自然融合，演绎养身、养心的禅意生活。

26 个风格迥异的温泉泡池错落有致地镶嵌在北温泉诗情画意的园林里：小溪潺潺，蜿蜒曲折；杜鹃、玉兰、蜡梅、紫薇、芭蕉四季芬芳；江景汤屋、禅 SPA、江景茶吧、地热熏蒸馆……露天园林温泉美轮美奂，极具东方温泉文化色彩，是一个让人洗却尘嚣，涤荡身心的世外桃源。

重庆柏联 SPA 温泉邀请世界顶级建筑设计大师担纲设计，遵循建筑与环境的和谐、人与自然和谐的设计主题，浮现北温泉厚重的历史文化，呈现出一种低调的奢华。

重庆柏联 SPA 温泉拥有高品质的配套设施，注重细节，体现品牌附加值，24 小时贴身管家服务，具有完美的设计空间，优雅的茶道，香形于色的美食，舒展身心的瑜伽，完美的 SPA 之旅，是一个让人养身、养心、充满异国情调的温泉度假天堂。

2. 南温泉

南泉是重庆市十佳旅游风景名胜区之一，以温泉闻名于世。发现于明朝，始建于清，为硫酸钙镁钠型热泉，水温39~42℃。其水质堪与临潼华清池媲美，是国内最优秀的温泉之一。抗战期间，蒋介石、宋美龄、林森、孔祥熙等长期在此作温泉浴；新中国成立后，朱德、刘伯承、邓小平、郭沫若、黄炎培、张爱萍、杨尚昆等人均到此泳浴，是深受市民喜爱的温泉公园。

3. 统景温泉

统景温泉因其流量大、类型多、水温高、水质优、科学价值高等显著特点位居重庆之首，堪称西南一绝。有天然温泉眼25处，日涌量可达3万吨，平均温度为52℃，最高达62℃，有涌沙泉、悬挂泉、珍珠泉、地震增生泉等多种温泉类型，富含锶、硫酸钙、偏硅酸等多种矿物质成分和微量元素。

4. 天赐温泉

天赐温泉位于重庆九龙坡区。温泉水源来自地心3千米深处，水温高达57℃，喷涌高度达100多米。经国家卫生及矿管部门鉴定，此处温泉富含偏硅酸、偏硼酸及硫、硅、钙、镁、锶、氟等多种有益于人体的微量元素，对神经系统、消化系统、心血管系统具有独特的医疗效果。园区内设有小吃、烧烤、茶社、美容美发、中医理疗、气功推拿、各式按摩等。区内泳池、沐浴池比比皆是，错落有致：有飞流直下形成的温泉瀑布“天赐泉”，供千人戏水的“众生泉”，可美容的“养颜泉”，能健身的“按摩泉”等。更多的泉池掩映在婆娑的柳荫下，葱茏的翠竹中，玲珑的奇石旁，盛开的蔷薇花丛里。整个温泉融山、石、林、泉、瀑布、花草于一园。步移景换，美不胜收。

5. 东温泉

东温泉位于重庆巴南区境内五步河畔，距市中心区68千米，景区内有大小泉眼48处。有热洞、古佛洞天、仙女洞庭、打儿奇洞、龙泉翠流、袖珍飞瀑、龙眼泉涌、送子幽泉、温泉浴泳、露天裸泳、十八半树、慈云岩影、关津峡口、半岛揽胜、翠云阁楼、摩崖栈道、钟山飞阁、五布河泛舟等二十四景。关津峡口下游处的一处温泉，被当地人及邻县和贵州的乡民奉为“神水”。不论春夏秋冬、白昼黑夜，男女皆在此入浴，毫无拘泥羞涩之态，可称民俗一绝。东温泉的露天裸浴及热洞天然桑拿浴形成“东泉二绝 ”，天下奇观世界罕见、耐人寻味、惹人心醉。

6. 融汇温泉

融汇温泉位于重庆沙坪坝梨树湾，毗邻歌乐山国家森林公园，交通便利，距离三峡广场仅2.5千米，其温泉日出水量约5 000立方米，出水温度54℃，属硫酸钙镁泉质，富含十余种对人体有益的天然矿物质，极具医疗、保健及美容价值。温泉区包括德式健康水疗保养馆、露天温泉区、动感水乐园区、室内休闲区。温泉中心还配备了特色美食自助餐厅、养生理疗室、阳光SPA房、VIP会员专属区、大型休息厅、棋牌室、网吧、亲子园、DIY手工坊、电玩室等休闲娱乐设施。在汩汩温泉中享受人生乐趣的同时，您还可以实现旅游、休闲、餐饮、娱乐等更多生活所需。洗浴文化、中医养生文化、德国水疗文化、欧美SPA文化及日本汤治文化之精髓在这里巧妙融汇创新，通过"六感"设计，营造出环境、情境、意境交融的"身、心、灵"和谐养生新境界，成为国内温泉行业的新标杆。

7. 重庆北碚悦榕庄

重庆北碚悦榕庄依偎在缙云山山脚下，坐落于自然保护区内，尽享得天独厚的地理优势。作为悦榕SPA在重庆的大胆创新，重庆北碚悦榕SPA设有男女独立的7个静谧优雅的室内温泉泡池及美景萦绕的室外温泉泡池，为SPA宾客和度假村客人提供一个独特的温泉沐浴体验。温润的温泉水为宾客滋养肌肤，放松肌肉，以其有效的治疗作用而闻名。一场舒缓的温泉浴是一次完美的SPA体验最好的开始。38℃的温泉水富含硫酸钙、镁、钾等多种矿物质，在温润的温泉水中泡浴10~15分钟，身心都将达到进行SPA护理的最佳状态，此时身体才能最好地吸收温泉水中的矿物质以及按摩精油中的滋养成分。

8. 小南海温泉

重庆小南海温泉位于重庆市大渡口区跳磴镇红胜村，是由重庆小南海水泥厂投资开发。小南海温泉距重庆市区30千米，交通便利。

小南海温泉泉水来自地层深处，为含偏硅酸、偏硼酸的氟、锶医疗热矿泉，水温57℃。有资料表明，温泉热浴可使肌肉、关节松弛，消除疲劳，对恢复体力有相当的作用；还可起到美容、延缓衰老的功效。

这里背靠中梁山山脉。苍松翠竹，小桥流水，绿荫掩映，景色宜人，渴望释放和回归自然的你，请携家人、朋友前来，投入大自然的怀抱。

除了泡池及桑拿外，还有很大的儿童戏水池、循环游泳池、激情滑梯、人造冲浪、DJ冲浪池等。

小南海温泉冬天的时候开放温泉，夏天的时候开放水上乐园。

9. 重庆贝迪颐园

位于重庆市九龙坡区白市驿。温泉出水温度52℃，泉眼深2 080米，日出水量5 800吨，属于硫酸钙医疗型温泉，注入温泉汤池的泉水无须加热、均为一次性使用。

10. 颐尚温泉

重庆颐尚温泉位于风景秀丽的嘉陵江观音峡畔，温泉水质优良、山泉甘甜，森林茂密，湖泊优美，四时花开，果蔬丰硕，富含离子氧气。开发环境控制面积约 100 万平方米，建设占地约 36.67 万平方米，总投资 10 亿。是集温泉养生，森林健身，品味时尚，特色餐饮，休闲度假于一体的山地温泉小镇。

颐尚温泉是寻求安谧及自我尊崇生活的修身静心殿堂，在优雅、自然的环境下，内外兼修，身心协调，达到人与自然的和谐统一。

11. 香海温泉

位于永川，距重庆主城仅一小时车程。重庆香海温泉以沐浴温泉，静心修身为定位，集中浓缩了儒、释、道三教文化及世界各地的沐浴文化，是一座以温泉保健养生为主题特色，集客房、餐饮娱乐、商务会议、保健养生、水上乐园和文化景观等旅游休闲度假项目于一体的多功能大型重庆温泉度假景区，是西南地区最具文化品位的、规模最大的生态温泉。

重庆香海温泉的特色服务有重庆温泉水疗中心：为您准备了从头至脚的温泉按摩；重庆温泉土耳其区：该景区有来自土耳其的“亲亲鱼”为您驱走疲劳；重庆温泉华夏太极区：区内五行池遵循道家易经原理，为您保持五行平衡；重庆温泉激情冲浪区：高达 1 米多的温泉冲浪，让您体会搏击中流的快感；重庆温泉蝴蝶谷生态区：包括中药加料泉、延年益寿的老人泉，以及私密、静雅的情侣泉等。在众多的青山秀水之中，在众多姿态各异的园林之中，在众多仙山琼阁之中，这里的美是无法用言语所表露的，真可谓人间瑰宝伴随我们畅游人生之岁月，布天下之绝境。

拓展训练二：桑拿房使用及保养知识

1. 启动桑拿炉，桑拿炉温度主要由两组开关控制，即时间控制器和恒温控制器。桑拿炉可以提供预设 4 小时甚至 8 小时的开关，首先调制恒温控制器的度数，最适合桑拿浴区的温度为 70~90°C。
2. 在一般情况下，20~70 分钟内桑拿房会达到预定温度，但不能超过 110℃。
3. 全新桑拿房不宜于高温时启动，因为高温会使新的桑拿浴板变形，应该有数天的适应期，温度调试应该由低温逐渐提高。

4. 清洁时不应将水直接洒在木板上，因为木板是经过高温处理，含水量低而且松木接触水分后容易变黑，应用湿布或桑拿木蜡油擦拭。
5. 不可以随意关闭、开启桑拿炉，每次开关操作应相隔 20 分钟。
6. 桑拿时与启用前应将大块石头清洗擦干后放在发热线上，留有空隙让热力散发，应经常检查并丢去碎石。

拓展训练三：桑拿服、桑拿箱介绍

1.桑拿服

又称发汗服、减肥服，材料选用无毒塑料薄膜或防水透气的 PU 涂层织物制成。桑拿服产品一般是密封套入式上衣和裤子，其四肢、腰部、领口的开口处均采用束带或松紧带束扣在人体上，在该上衣的两腋下中间和裤子的下裆部中间也均开设有通孔。通过运动加速脂肪燃烧，减肥的同时增加皮肤弹性，故为舞蹈专业必备品，越来越流行于跳操、跑步、打球等运动中使用，桑拿服有既薄又轻的全新材质、环保的色彩、独特的制法，外层是防雨绸的，内涂 PVC 涂层，不会对皮肤产生刺激，要减肥的女性选它是没有错的，运动后大汗淋漓，常被大家戏称为“桑拿服”。

穿上桑拿服通过运动会加速脂肪燃烧。每周 2~3 次的有氧运动会帮助你消耗多余的热量，不但能够减肥同时还会增加皮肤弹性，增长你的肌肉力量并通过各种伸展姿势拉长肌肉线条，让你渐渐练出修长紧实、毫无赘肉的身材。

2.桑拿箱

按照桑拿原理桑拿箱主要分为两类：蒸汽桑拿箱和远红外桑拿箱。

蒸汽桑拿箱，又称作桑拿浴箱，是古老的中医熏蒸方法与现代科技结合的一种时尚的美容保健器械，一般由蒸汽发生器、熏蒸箱、蒸汽导管及连接件、蒸药分汽盒、足底按摩器、座凳等部件组成。蒸汽发生器产生的蒸汽，通过导管进入熏蒸箱，人坐在熏蒸箱里面可进行蒸汽熏蒸。在组件名称上，对于能产生负离子蒸汽而且适合煲煮中药的蒸汽发生器，或称为负离子熏蒸煲、熏蒸箱，或称为蒸汽箱、桑拿箱、桑拿桶，一般采用折叠式结构设计，以便于使用、携带和收藏，而且通过顶部的开口，使用者头部可露在外面，呼吸舒畅，无憋闷感。

远红外桑拿箱是今年新出现的一种产品，其整体结构和蒸汽桑拿箱类似，利用在箱体两侧和后侧以及脚底的远红外线发热板发热，提高箱体温度，达到出汗目的。因为远红外线的健康理疗功效越来越被人们所接受，加之其桑拿方便、舒适，所以慢慢成为市场新宠。

回馈单

亲爱的同学：

本项目教学活动接近尾声了！不知道你学习到了多少？老师很想了解你对本环节教学活动有什么样的感受和意见，让老师可以作为下次教学活动的参考。

请就下面每个题目结合你的想法或感受，在适当的位置打钩，谢谢！

1. 我课前预习的情况是 ○很好 ○普通 ○几乎没有 ○其他____
2. 我训练的状况是 ○聚精会神 ○偶尔发呆 ○提不起劲 ○其他____
3. 项目的内容 ○很精彩 ○还不赖 ○普通啦 ○真糟糕 ○其他____
4. 项目完成的情况是 ○很好 ○普通 ○几乎没有 ○其他____
5. 我的训练效果 ○很好 ○还可以 ○很差 ○其他____
6. 本项目内容令我印象最深刻的是________________
为什么？________________________________
____
7. 我给自己本次项目任务表现打____分，因为我________________
8. 我想对老师说________________________
____

班级：
姓名：
学号：

日期： 年 月 日

参考文献

[1] 朱瑞明.康乐服务实训[M].北京:中国劳动社会保障出版社,2006.

[2] 左剑.康乐服务与管理[M].北京:科学出版社,2008.

[3] 杨晓琳.康乐服务与管理[M].北京:中国铁道出版社,2009.

[4] 徐明,梁宗晖.饭店康乐服务知识[M].北京:科学出版社,2012.